新时代职教改革发展丛书

"学赛一体化"课程开发研究

李作聚　著

中国水利水电出版社
www.waterpub.com.cn
·北京·

内 容 提 要

　　"学赛一体化"课程是以"教学同步，做赛一体"为开发思路，采取项目教学、任务驱动的方法，指导学生自主创新进行学习和研究，结合大赛考核、过程考核、结果考核和教师考核，达到培养学生良好职业素养和提升综合职业能力的目的。本书以高职现代物流管理专业课程体系开发为基础，内容紧密结合物流技能大赛，从理论层面就"学赛一体化"课程开发进行了研究。

　　本书适合作为参加全国高职院校物流职业技能大赛的教师指导书，也适合作为其他专业开发"学赛一体化"课程的参考书，同时对物流企业开展职业技能竞赛和劳动竞赛具有一定的指导作用。

图书在版编目（CIP）数据

　　"学赛一体化"课程开发研究 / 李作聚著. -- 北京：
中国水利水电出版社，2022.8
　　（新时代职教改革发展丛书）
　　ISBN 978-7-5226-0911-9

　　Ⅰ．①学… Ⅱ．①李… Ⅲ．①高等职业教育－课程建设－研究 Ⅳ．①G718.5

　　中国版本图书馆CIP数据核字（2022）第141721号

策划编辑：周益丹　　责任编辑：高辉　　加工编辑：刘瑜　　封面设计：梁燕

书　　名	新时代职教改革发展丛书 "学赛一体化"课程开发研究 "XUE SAI YITIHUA" KECHENG KAIFA YANJIU
作　　者	李作聚　著
出版发行	中国水利水电出版社 （北京市海淀区玉渊潭南路 1 号 D 座　　100038） 网址：www.waterpub.com.cn E-mail: mchannel@263.net（万水） 　　　　sales@mwr.gov.cn 电话：（010）68545888（营销中心）、82562819（万水）
经　　售	北京科水图书销售有限公司 电话：（010）68545874、63202643 全国各地新华书店和相关出版物销售网点
排　　版	北京万水电子信息有限公司
印　　刷	三河市元兴印务有限公司
规　　格	170mm×240mm　　16 开本　　11.75 印张　　158 千字
版　　次	2022 年 8 月第 1 版　　2022 年 8 月第 1 次印刷
定　　价	68.00 元

前　　言

　　高职教育是从职业出发的教育，是面向就业的教育。《国家中长期教育改革和发展规划纲要（2010－2020 年）》中明确要求以服务为宗旨，以就业为导向，推进教育教学改革。可见，高职教育教学改革，特别是课程开发是提升我国高职教育质量的重要内容。

　　在改革过程中，高职教育发展了"校企合作、工学结合"的指导思想，形成了"干中教、干中学"的教学模式，提出了"双师结构"等概念。然而，教学改革是一个动态发展的过程，当前课程开发存在重形式、缺内涵、少持续性的现象。为此，应紧密结合经济发展和产业升级的需要，促使众多角色如政府、行业、企业、教师、学生等主动参与到学校的教育教学改革中来。而以政府、行业为主导，以企业为支撑，以学校为根本，以学生为主体的职业技能大赛正成为一种教学改革的推动力量，这样的大赛平台像一双无形的手发挥着对职业教育巨大的推动作用。

　　《国家中长期教育改革和发展规划纲要（2010－2020 年）》中明确提出在职业教育中开展职业技能竞赛的要求。职业技能大赛作为我国职业教育的创新举措，是各职业院校展示教学成果的重要形式，也是各级教育主管部门评价职业院校教学质量的重要参考，它对职业院校的教学具有明确的导向作用，产生了积极的社会效应。

　　近十几年来，北京财贸职业学院承办和参加了多项国家级、北京市级的物流职业技能大赛。

　　2010 年 5 月，北京财贸职业学院成功承办了北京市物流技能大赛，大赛以物流业的核心技术——储配方案的设计与执行为背景，按照实际工作过程编排竞赛过程。本次物流技能大赛共有来自北京市内的 11 所高职院校的 22 个团队参赛，北京财贸职业学院信息物流系有 4 支队伍 12 名参赛选手代表学院参赛。

2010年6月23—26日，北京财贸职业学院代表北京市参加了全国职业院校技能大赛（高职组）"中诺思"杯"现代物流——储配方案的设计与执行"赛项，历经"4个小时方案设计""100分钟的方案执行"两个竞赛环节，在全国63个参赛代表队中表现优异，获得大赛一等奖。

2010年12月23—26日，由中国就业培训技术指导中心、中国商业企业管理协会主办，北京洛捷斯特科技发展股份有限公司、北京财贸职业学院等承办的全国物流职业技能竞赛在北京财贸职业学院圆满落下帷幕。经过北京赛区的层层选拔，北京财贸职业学院的两支参赛队伍杀入全国总决赛，经历了赛前的积极准备、刻苦磨练，赛中的沉着应对、通力配合，最终10名参赛队员以优秀的专业技能和默契的团队协作能力取得了一等奖的优异成绩。

2012年，北京财贸职业学院主办了北京市高职院校物流技能大赛，同时参加了教育部全国职业学校（高职组）技能大赛——"现代物流储存与配送作业优化设计和实施"，并再次取得了一、二等奖的优异成绩。

良好成绩的取得是学院在国家职业教育政策的指导下，一直把提高教学质量作为重点，以服务行业、企业发展为宗旨，以就业为导向，积极推进教育教学改革的结果；是学院建立以提高教育质量为导向的管理制度和工作机制，把教育资源配置和学校工作重点集中在强化教学环节、提高教育质量上的结果；是把改革创新作为课程开发的强大动力，改革教学内容、方法、手段的结果。

学院示范校建设和职业技能大赛推进了学校与行业、企业的深入合作，促进了学院教学培养体系的改革，进一步优化了"干中教、干中学"的教学方法和手段。现代物流管理专业创新地进行了以"学赛一体化"为核心的课程开发和实践，形成了自己的理论体系并经过实践的验证取得了良好的效果。"以赛促教、以赛促学、以赛促改"，培养了一大批物流行业急需的高素质技能型人才。

本书重点对"学赛一体化"课程的本质内涵进行了阐述，并结合物流大赛对"学赛一体化"的课程体系建设过程进行了研究。内容主要包括概述、国内外课程开发现状、"学赛一体化"课程内涵研究、"学赛一体化"课程体系开发、"学赛一体化"课程标准、"学赛一体化"课程教学设计研究、"学赛一体化"课程校企合作研究、"学赛一体化"课程开发保障制度建设研究、我国职业院校技能大赛的发展与思考、储配业务综合实训项目设计。另外，本书将结合胡格培训总结的教学方法放于附录中，以希对老师在课程开发和教学设计过程中有所帮助和启发。

由于编者重点讲授与仓储有关的课程，并指导学生参加相关大赛，所以本书中的内容和案例主要以仓储配送内容为主。

本书凝聚了编者在国家示范校建设过程中，作为课程建设负责人带领教学团队进行研究的成果。此成果的取得离不开团队所有成员的辛勤付出，首先感谢北京财贸职业学院原院长王茹芹教授，其次感谢北京财贸职业学院院长王成荣教授，还要感谢在示范校建设过程中和大赛期间与我一起拼搏奋斗的系领导和各位教师，是他们让我有这样的机会，是他们给了我一个自由的平台！此书的顺利出版得益于出版社编辑的大力帮助，感谢他们的辛勤付出。

由于编者知识和研究水平有限，书中很多内容阐述得不够深入，同时难免出现不妥和疏漏之处，敬请指正。编者的联系方式是 lizj@bjczy.edu.cn。谢谢！

编　者
2022 年 4 月

目　　　录

第一章　概述

第一节　研究意义

一、全面落实国家各级规划文件精神

《中华人民共和国国民经济和社会发展第十四个五年规划和 2035 年远景目标纲要》明确提出：建设高质量教育体系，全面贯彻党的教育方针，坚持优先发展教育事业，坚持立德树人，增强学生文明素养、社会责任意识、实践本领，培养德智体美劳全面发展的社会主义建设者和接班人。纲要还指出，增强职业技术教育适应性，突出职业技术（技工）教育类型特色，深入推进改革创新，优化结构与布局，大力培养技术技能人才。

中共中央办公厅、国务院办公厅印发的《关于推动现代职业教育高质量发展的意见》中明确提出：创新教学模式与方法，改进教学内容与教材。普遍开展项目教学、情境教学、模块化教学，推动现代信息技术与教育教学深度融合，提高课堂教学质量。全面实施弹性学习和学分制管理，支持学生积极参加社会实践、创新创业、竞赛活动。完善"岗课赛证"综合育人机制，按照生产实际和岗位需求设计开发课程，开发模块化、系统化的实训课程体系，提升学生实践能力。引导地方、行业和学校按规定建设地方特色教材、行业适用教材、校本专业教材。

《北京市教育委员会 北京市发展和改革委员会 北京市人力资源和社会保障

局 北京市财政局关于深化职业教育改革的若干意见》（京教职成〔2020〕7 号）中提出：创新人才培养模式，提升学生综合能力，高质量培养技术技能人才。健全德技并修的育人机制，着力培养学生的创新精神和实践动手能力。职业院校依据国家专业目录和专业标准，联合行业企业自主设置专业、自主制订人才培养方案。重构理论和实践课程体系，学生在用人单位的实践学习不低于教学计划总时数的三分之一，及时将新技术、新工艺、新规范纳入教学内容。拓展优质教育教学资源，打造一批具有产教融合特色的创新性、应用性、共享性课程。实施"教、学、训、做、评"一体化教学，开展项目制教学改革，支持校企联合开发活页式和工作手册式教材，建立专业教材调整和选用审核机制。建立社会、行业、企业和学习者对职业院校的评价机制。

《北京市"十二五"时期教育改革和发展规划》（京教文计〔2012〕1 号）明确提出：构建有利于提高学生学习能力和就业选择的职业教育课程体系，校企合作共同开发专业课程，探索专业设置与职业岗位（群）相对应，专业教学标准与职业标准相衔接，教学内容与工作任务相融合，学习过程与工作过程相联系，理论与实践一体化教学的职业教育课程体系。结合区域经济发展和产业升级要求，探索工学结合、校企合作的课程开发新模式，是实现"十二五"教育规划目标的重要途径。

二、全面提升职业教育质量

《国家中长期教育改革和发展规划纲要（2010—2020）》强调提高教育质量是教育改革发展的核心任务。衡量教育质量的两条根本标准：一是使人得以全面发展，使学生能够适应社会需求；二是使职业教育能够面向社会所有人。当前我国经济发展正处于转型期，高技能人才是落实科学发展观和进行产业结构优化升级的关键，职业院校的核心任务就是进行职业教育高技能型人才培养，这就要求职业院校教师深入企业实践，准确了解和把握行业、企业，乃至职业岗位需求，明确职业院校在校学生素质、知识、技能结构的培养要求，并将之融入理论教学和技能训练中，提升技能型人才培养水平，最终实现劳动力资源向劳动力资本转化，使社会就业更加充分，从根本上提高我国职业教育的教育质量。这些环节中的任何一步做不好、做不完善都将严重制约我国职业教育的发展，以至于影响到我国经济社会的发展。因此，提高职业教育质量可以说是当前我国高职教育发展的重心，职业教育已经走到以内涵提升品质、以特色立校、以质量决定生存发展的关键阶段。

高职教育同社会需要、市场需求的结合程度直接关系到高职教育的生命力，教育质量要接受社会的评价，特别是用人单位的评价。衡量高职院校的教育质量的高低主要是看报考率、报到率、就业率、社会和用人单位的满意度以及反映毕业生能力的工资水平等。这也决定了其质量标准主要体现在培养目标、专业设置、教学内容及课程体系、实践训练、多证书制等方面。其中，提升课程开发的质量，建立适合学生的课程体系，是向教育质量内涵纵深发展的重要保证。"学赛一体化"课程体系的开发对增强学生学习积极性，改变教师与学生间的博弈现象，改善课堂生态环境，增强课堂吸引力，促进学生全面发展起着重要作用。

三、增强教师综合能力

《国家职业教育改革实施方案》（国发〔2019〕4号）提出了"三教"（教师、教材、教法）改革的任务。"三教"改革中，教师是根本，教材是基础，教法是途径，它们形成了一个闭环的整体，解决教学系统中"谁来教、教什么、如何教"的问题。其落脚点是培养适应行业企业需求的复合型、创新型高素质技术技能人才，目的是提升学生的综合职业能力，这也是"双高计划"建设中"打造技术技能人才培养高地"的首要任务。

　　高职教育作为高等教育发展的一种形式，其发展水平的高低取决于教师的水平、能力和素质。教师的综合能力体现在课堂教学与管理、课程设计与实施等方面。开发面向院级、市级、国家级甚至是世界级的职业技能大赛的课程可以真正检验教师的能力，同时这个实践的过程对教师综合能力的提升具有十分重要的促进作用。

四、提高学生综合职业技能和职业素养

　　学生综合职业技能的提升和良好职业素养的养成是在实践中实现的，即是在"做中学""工学结合"和技能大赛中的教学实践中实现的。技能竞赛不但培养了学生的动手能力，而且培养了学生的团队协作能力和集体荣誉感，以及学生分析问题和解决问题的能力。竞赛中每个项目有一定的难度，通过训练和比赛可以增加学生的自信心。竞赛成绩的获得不仅是学生努力的结果，也包含了指导老师的大量心血，培养了学生的感恩和回报之情。

　　"学赛一体化"课程的开发思路就是以学生为主体，以教师为指导，以比赛为主线，通过不同项目的设计与实施让学生掌握分析问题和解决问题的能力，培养学生的团队协作和良好沟通的综合职业素养。

第二节　研究内容

　　"学赛一体化"课程体系的研究内容包括国内外课程开发现状、"学赛一体化"课程内涵研究、"学赛一体化"课程体系开发、"学赛一体化"课程标准、"学赛一体化"课程教学设计研究、"学赛一体化"课程校企合作研究和"学赛一体化"课程开发保障制度建设研究这几个方面。

一、国内外课程开发现状

国外常见的课程开发机制有中央集权机制、地方分权机制和学校自主机制三种基本类型。课程开发模式有目标模式、过程模式、实践模式和情境模式四种类型。我国职业教育在改革发展过程中，借鉴国外的优秀做法，形成了学科系统化课程开发模式、职业分析导向式课程开发模式、模块式技能培训课程开发模式三种类型。

二、课程内涵研究

课程内涵研究即研究"学赛一体化"课程开发的含义、理论基础和基本特征。"学赛一体化"课程含义中包含环境、目标、项目与任务、教师与学生、考核评价五个元素。建构主义理论、情景学习理论等是该课程开发模式的理论基础。其具有"三环境、两内容、两课堂、三角色"的基本特征。

三、课程体系开发

课程体系开发在人才需求调研的基础上，以"校企合作、工学结合"为思想引领，按照"产学一体，学赛一体"人才培养模式的要求，依托战略合作企业，融合社会资源，体现产学研一体；借鉴企业运行机制，校企共建实践工作室，实现实境再现；强化教学实践性，形成进阶式课程体系，实现能力递进。

四、课程标准

课程标准制定要遵循系统性、针对性、一致性、适应性和实用性原则。编制程序需要企业调研、初稿编写、专题讨论、组织实施和修订完善几个环节。课程标准包括课程概述、课程目标、课程内容与要求、实施建议四个部分。

五、课程教学设计研究

本部分研究"学赛一体化"课程开发的主要内容，主要有教学项目设计、教学活动设计和教学评价设计。具体研究各部分的设计原则、设计内容、设计过程以及注意事项等。

六、课程校企合作研究

校企合作开发课程是提升教学质量的必经之路。本部分研究了校企合作进行课程开发所遵循的原则，校企合作的类型、内容以及校企合作中需要注意的问题。

七、课程开发保障制度建设研究

课程开发需要制度来保障顺利实施，其研究内容具有全面性、复杂性和系统性特点，主要包括相关政策制定和建立评价标准两个方面。

第三节 研究方法

一、文献研究法

从网络、媒体和书籍中研读有关课程开发的先进经验和做法，特别是国外课程开发的模式、特点和理论基础，进而确定研究方案、方法和步骤，指导研究工作的实施，提炼总结经验。

二、比较法

研究国外课程开发的模式与特点，结合我国高职课程开发的现状，对比分析国内外课程开发的区别与联系，探索我国高职现代物流管理专业"学赛一体化"课程开发的模式、特点与做法。

三、调研法

"学赛一体化"课程建设是在校企合作的基础上进行的课程探索，通过企业调研和专家访谈，寻求现代物流管理专业核心岗位对应的核心业务技能和所要求的综合职业能力。

四、案例分析法

"学赛一体化"课程开发需要企业的大力配合和协作，依据典型企业对人才的需求标准、培养目标和教学目标，通过校企合作开发课程，制订教学计划和考核内容，建立规范的管理制度，最终实现高素质技能型人才的培养。

第二章　国内外课程开发现状

国外的课程开发基本上是在国家政府规定的框架下完成的，课程开发模式有多种类型，每种类型都有自身的特点。而我国高职课程的开发模式是随着经济和社会的发展而形成的。

第一节　国外课程开发的现状

一、国外课程开发机制

课程开发机制是指在一定的环境体制下，实现和完成课程开发所规定的课程编制、实施、管理与监督等内容。国外常见的课程开发机制的 3 种基本类型为中央集权机制、地方分权机制和学校自主机制。

1. 中央集权机制

中央集权机制就是指中央教育行政部门或其代理机构作为课程开发的主体，通过国家权力对课程进行统一的研究、编制和推广，学校的课程计划、课程标准甚至教学材料和考试要求都有统一的规范，此类课程开发机制常见于中小学课程。如法国、俄罗斯、韩国就是由国家统一开发课程。

2. 地方分权机制

地方分权机制的课程开发也是集权机制的一种形式，区别是课程开发的主体变为地方教育行政部门，并强调地方或社会发展的现实和要求。地方分权机制依据当地的政治、经济、文化、民族等发展需要进行课程开发。美国是地方分权机制的典型代表，各州教育行政部门制定全州课程的一般标准、毕业规定，并给地方学区提供各项必要的资源。

3. 学校自主机制

学校自主机制是以学校教师为主体，在执行中央和地方教育行政部门规定的课程体系的基础上，在一定范围内自主开发学校课程，其所依据的思想属于以人为本的教育思想，强调的是个别差异的适应性问题。美国的私立学校课程开发机制就属于此种类型。

不难发现，各国的课程开发机制并非是单一的，大多数国家都是采取多种形式，最后形成一种主导和辅助相结合的课程开发机制。无论采用什么形式的开发机制，只要适合本国国情和实际现状就是好的课程开发机制。

二、国外课程开发模式

所谓模式就是把解决某类问题的方法总结归纳到理论高度从而形成方法论。课程开发模式就是解决课程开发问题的理论指导方法。国外常见的课程开发模式有目标模式、过程模式、实践模式和情境模式。

1. 目标模式

目标模式的基本原理可以简化为四段渐进式的课程开发模式，即确定目标、选择学习经验、组织学习经验、评价这四个阶段，四个阶段是一个循环往复、周而复始的过程。该模式的特点：一是可操作性强，对每一个具体问题都提出了具有指导性的原则、步骤、要求和程序；二是具有开放性，通过评价搜集利用各种信息，及时改进和完善课程；三是目标性明确，从学生、社会生活、学科专家三个目标源来确定作为课程设计核心的行为目标。

2. 过程模式

过程模式的理论基础是知识及教育本身具有内在的价值，无需通过教育的结果来加以证明。课程开发的主要任务是选择知识和活动内容，建立关于学科的过程、概念与标准等知识形式的课程，并提供实施的"过程原则"，即鼓励教师反思课程与教学实践，充分发挥主体性。该模式有以下两个特点：一是教师是课程开发的主体，学生是学习的积极者；二是对过程、具体情境进行诊断，属于形成性评价。过程模式的设计程序是设定一般目标－实施有创造性的教学活动－论述－评价教学活动引起的结果。

3. 实践模式

实践模式包括教师、学生、环境和教材四个要素，要素间相互作用。教师和学生是课程的主体和创造者，而学生是实践性课程的中心。该模式的特点：一是强调课程的终极目的是"实践兴趣"，尤其是学生的兴趣和需要，把学生和学习群体置于研究的中心；二是强调课程开发的过程与结果、目标与手段的连续和统一；三是强调通过集体审议来解决课程问题，即以学校为基础成立由校长、社区代表、教师、学生、教材专家、课程专家、心理学家和社会学家等组成的课程集体，对课程问题进行审议，以避免课程方案脱离具体情境，确保其平衡性。

4. 情境模式

情境模式是一种更为综合的模式，主要由环境分析、目标制订、计划制订、实施、评价反馈与改进五部分组成。情境模式被视为融合了目标模式与过程模式的基本原理和方法的综合化的课程研制理论。该模式的特点：一是现实性，即在全面、动态、系统地考虑特定环境的基础上，紧密结合当地的社会、经济和文化等因素；二是可塑性，课程内容方法与途径具有弹性和适应性，操作过程可以从任何一个部分开始，也可以几个部分同时开始。

三、几种国外课程开发模式

1. 模块式技能培训（Modules of Employable Skills，MES）

MES 是针对职业技能培训的模块化课程模式，由国际劳工组织制订课程开发方案，他们认为一个技能型工作或工作任务可以按其工作步骤划分为不同的模块，通过模块的叠加可以完成这一工作任务。该课程模式的理论基础是系统论、信息论、控制论，其主要概念包括职业领域（Occupational Area）、工作场（Field of Work）、工作/工种（Job）、工作规范（Job Specification）、工作任务（Task）、技能模组（Skills Modules）、模块单元（Modular Unit）和学习单元（Learning Element）等。

MES 课程开发流程：首先，将某一"职业领域"的某一"工作情景"的某一"工作/工种"划分成若干个"模块"，并把它们按"工作规范"的要求和逻辑顺序排列起来，形成"技能模组"；其次，按"工作任务"的工作流程或者工作步骤确定"技能模组"中的每个"模块"；再次，按照心理认知（Cognitive）、精神行动（Psychomotor）及情感态度（Affective）几个方面，确定完成该"工作任务"所需的全部技能；最后，将这些技能再编写成相应的"学习单元"（教材）；实施教学时，按照单元、模块依次地进行学习与考核。该模式的局限是难以兼顾职业性与教育性，应用领域有限。MES 模式的概念体系及开发流程如图 2-1 所示。

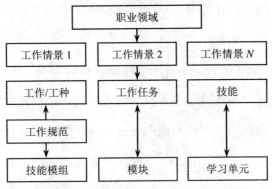

图 2-1　MES 模式的概念体系及开发流程

2. 能力本位教育（Competency Based Education，CBE）

加拿大等北美国家的 CBE 模式是以能力为基础的教育指导思想和教育模式，其广泛应用了 DACUM（Develop A Curriculum），即"课程开发"的英文缩写，它是通过职业分析（任务分析）从而确定某一职业所要求的各种综合能力及相应专项技能的系统方法。CBE 课程开发模式以职业分析为起点，以能力为核心，课程设计采用模块式方案，重视学生的能力训练，理论知识传授以"必需、够用"为度，教学过程中强调发挥学生的主体作用。但是，CBE 课程把能力看作一系列孤立的行为，忽视了真实职业世界中人们操作行为的复杂性以及智力性操作中判断力所担当的重要角色。CBE 将单项能力组合成综合能力的方式忽视了工作的整体特性和经验成分，在工作分析后的教学分析过程中，又返回到了学科系统化的老路上；同时，CBE 将能力等同于技能或行为，只强调外在行为的变化，忽视内在能力和情感的变化。因此，CBE 对课程开发的贡献主要是理念上的，缺乏实际操作价值。

CBE 课程开发流程：第一，分析社会职业，确定专业方向；第二，运用 DACUM 方法，进行工作分析，确定每项职业所需要的综合才能（一般每项职业需要 8～12 项综合才能）；第三，分析每项综合才能所需要的专项技能，并以此作为确定教学内容和教学方法的主要依据；第四，为专项技能制定相应的"模块（Module）"（不超过 7 个）；第五，任课教师根据每个"模块"的要求，制定信息单、作业单、技能单和评价单，并在课前发给学生。CBE 模式的概念体系及开发流程如图 2-2 所示。

3. 技术与继续教育（Technical And Further Education，TAFE）。

TAFE 模式是澳大利亚的技术与继续教育模式，该模式以满足行业能力标准而制定的培训包作为指导性材料对课程进行开发，并依据市场变化不断调整培训包，制定新的课程教学大纲。TAFE 课程包括学徒制课程、技工、文凭及高级文凭等类型，并与国家资格证书对应，获得相应证书后可以从事某一层级的工作。

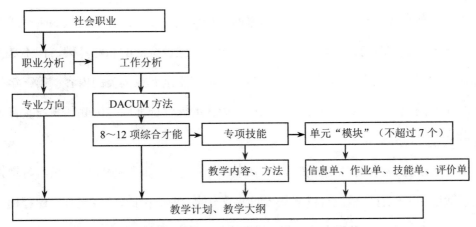

图 2-2 CBE 模式的概念体系及开发流程

TAFE 课程体系分为五个层次：第一层是联邦培训包，规定相关专业的能力标准和要求，包括能力标准、资格和评估指南；第二层是专业教学计划，由州教育部课程开发部门负责，贯彻培训包的每一项要求，形成课程，并提出实施计划；第三层是由州或学校开发的教学大纲，明确课程的教学内涵、要求等，一般涉及面广的教学大纲由州课程开发部门组织专门人员开发，以保证水准和质量；第四层是学习或教学指导书，州课程开发部门也参与开发，包括教学内容、教学方法、考核练习等；第五层是必要的教材，由学校依据指导书进行选择，供学生参考阅读。TAFE 模式的概念体系及开发流程如图 2-3 所示。

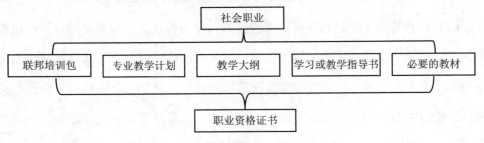

图 2-3 TAFE 模式的概念体系及开发流程

4. 双元制模式（Dual System Model，DSM）

基于校企合作的 DSM 课程开发模式是以企业为主体，力求把社会需求或企业需求与教育需求和个人需求结合起来的一种模式，在德国被称为核心阶梯式课程。该课程模式具有"三段式"的特点：第一年强调宽泛的职业基础，但不是普通文化课基础；第二年强调职业大类的内容，但不是专业大类的内容；第三年强调职业专门化，但不是专业专门化。这一模式的课程标准由德国联邦职业教育研究所开发。

开发步骤为"课程标准的制定－课程结构的设计－课程的实施"。核心阶梯式课程适用于所有有资质或有资格从事职业教育的企业。因此，"双元制"课程模式的运行以企业为主、学校为辅，而中国不存在这样的外部环境，缺乏"双元制"得以实施的课程开发平台和机制。DSM 模式的概念体系及开发流程如图 2-4 所示。

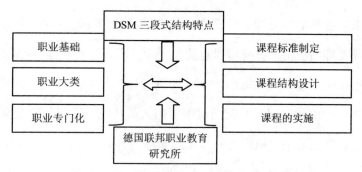

图 2-4   DSM 模式的概念体系及开发流程

5. 学习领域课程模式（Learning Field Curriculum Model，LFCM）

LFCM 也称为工作过程导向的课程模式。学习领域是一个由学习目标描述的主题学习单元，由能力描述的学习目标、任务陈述的学习内容（就是完成一项工作的若干个工作步骤，它们按照实践逻辑排列起来，就是一个完整的工作过程）和总量给定的学习时间（基准学时）三部分构成。每一培训职业（即专业）课程由 10~20 个学习领域组成，每一个学习领域都针对一个典型的职业工作任务。组成课程的各学习领域之间没有内容和形式上的直接联系。课程开发采用了针对工作过程的职业工作任务分析法——BAG 分析法（Berufliche Arbeitsaufgaben 的缩写），BAG 分析法也称典型职业工作任务分析法，是由德国不来梅大学技术与教育研究所（ITB）开发的课程开发方法，有利于培养学生的综合职业能力。

LFCM 的开发程序：首先，运用 BAG 分析法分析职业工作过程；然后，确定并描述职业行动领域；再次，转换并描述学习领域；最后，将学习领域具体化为学习情境。在采用学习领域课程模式进行教学的时候，需要设计学习性工作任务作为实现学习情境的载体，并按照"资讯—计划—决策—实施—检查—评价"这个行动过程组织教和学的过程。LFCM 模式的概念体系及开发流程如图 2-5 所示。

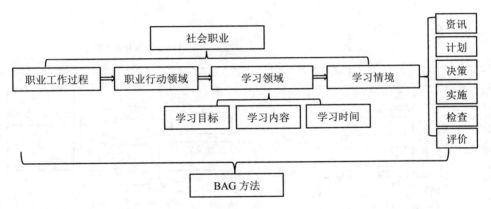

图 2-5　LFCM 模式的概念体系及开发流程

6. 英国商业与技术教育委员会课程模式（The Business and Technology Education Council，BTEC）

BTEC 是英国权威职业资格考试和颁证机构，其教育理念是"以学生为中心"，主要任务是课程的开发、教学大纲的编写及国家职业资格证书的颁发。从事 BTEC 课程开发的人员中，有 2/3 来自企业界。教学大纲和课程标准是根据雇主协会提出的职业资格标准，集合行业专家和课程专家的智慧而成，其包含专业能力目标 4～5 项，并设计相应的课程内容和教学方法。该模式把职业岗位要求作为课程开发的基础和逻辑起点，将通用能力和专业能力一起列入教学目标，强调通用能力的培养。其采用的是模块化的课程结构，课程管理采取弹性选课和学分制。BTEC课程模式主要通过课业评价来考查学生能力，BTEC要求每门课程安排3~5个课业，综合学生各门课程的成绩，经内审、外审和BTEC总部的严格审核合格后，发放毕业证书。BTEC模式的概念体系及开发流程如图2-6所示。

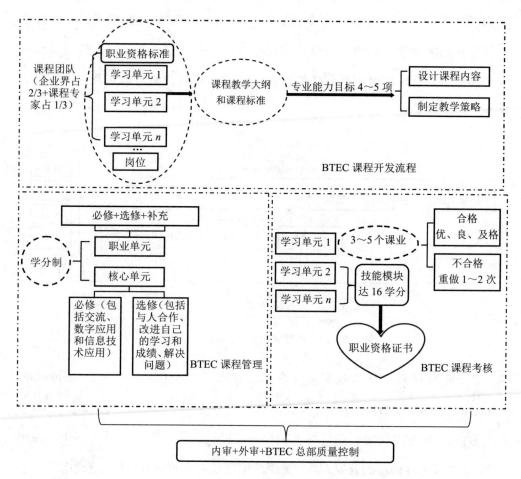

图 2-6   BTEC 模式的概念体系及开发流程

7. 胡格课程开发模式

胡格课程开发模式（胡格模式）是以培养受教育者成为一名具有独立人格并在团队条件下能有效完成工作任务的人为目标，以行动导向为基本教学原则，逐步实现理论和实践紧密结合的教学模式。胡格模式一切的出发点都认为学生的综合能力不是教出来的，"教"阻碍了学生的学习。教师通过教学组织系统设计教学内容，采取项目教学体系（放弃学科体系），应用灵活的教学方法，充分调动学生的参与性，来完成该模式的目标。另外，教学团队要形成整体育人风格，充当教练角色，具有观察、指导和伴随学生成长的能力。

胡格模式课程内容的开发基于双元制和行动导向的学习领域课程开发思路，如从调研物流相关企业的不同岗位出发，按照行动领域划分，提炼针对岗位典型的工作任务所必备的职业素养和专业能力，总结设计成不同的学习领域。其中学习领域名称可以为评价仓库的经济性，将其应用于仓库规划；货物运输和交付时障碍和受损处理及预防措施等。企业实践是职业教育课程开发的逻辑起点。

具体的学习领域包含多个项目，通常用学习情境表示，如同教材的每一章在起始部分会说明所要实现或者训练的专业能力和非专业能力。项目的难易情况具有梯次上升或者螺旋上升的特点，每一个项目又包含多个具体的学习任务。学习任务的设计包含理论与实践。理论部分的设计采取不同的教学方法，如关键词法、轴承法、绘制海报法、巡视法等体现以学生为核心的设计理念，目的是增强学生自主学习的主动性和提升学生的沟通、协作、表达等非专业能力。实践部分的教学设计主要是小组设计与策划实施方案，其主要训练的是学生在完成某一项工作的过程中的职业性和专业性。因此，学习任务也是专业能力和非专业能力的训练。

考核部分的设计包含理论和实践两部分。理论部分基本上是客观题；实践部分具有一定的综合性并考察小组间的协作性，特别是考察完成任务过程中的职业性和专业性。实践证明，大赛是检验学生综合职业能力最有效的方法。

在整个开发过程中，企业的全程参与是完成项目的核心，而教师的内容提炼和教学设计能力是关键，其将直接影响到教学的效果，特别是教学方法的设计有效与否是教学成败的关键；学生的积极参与和配合则是教学目标达成的重要元素。

胡格模式概念体系及开发流程如图 2-7 所示。

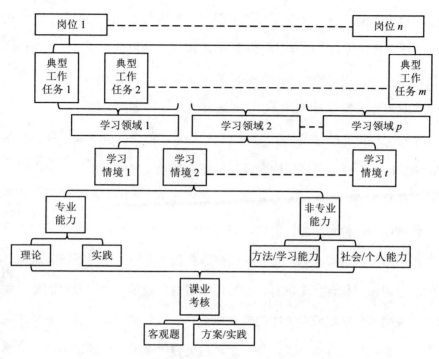

图 2-7 胡格模式的概念体系及开发流程

以上几种课程开发模式都适应了当时的环境,且随着经济和社会环境的变化而变化,具有与时俱进的特点。与课程开发体制一样,我们可以从中汲取有益于课程开发的好做法、好经验,不需要局限于思维定式,只要适合我们当前社会的发展和高技能人才的培养需求就是好的模式。

第二节 国内课程开发现状

伴随着我国经济的发展和企业对高素质技能型人才的需求逐渐加大,政府出台了许多政策,也采取了许多措施,以便在质量和规模上尽可能满足各行各业对职业技能型人才的需求。2006 年 11 月 3 日,教育部与财政部联合启动建设"国家示范性高等职业院校建设计划"。2010 年 11 月 23 日，教育部和财政部联合下发了《教育部 财政部关于进一步推进"国家示范性高等职业院校建设计划"实施工作的通知》（教高〔2010〕8 号），在原有已建设的 100 所国家示范性高等职业院校的基础上，新增 100 所左右国家骨干高职院校，极大地促进了我国职业院校在人才培养模式、师资队伍建设、实训室建设和校企合作等方面的改革和创新，通过"引进来、走出去"，采它山之石，并结合自身的区域经济特色，形成了一些典型的模式，特别是在课程开发方面，各职业院校更是百家争鸣，百花齐放，取得了突出的成果。目前，我国职业院校课程开发的典型模式有学科系统化课程开发模式、职业分析导向式课程开发模式、"宽基础、活模块"课程模式、以实践为导向的项目课程开发模式和以工作过程为导向的课程开发模式等。

一、学科系统化课程开发模式

学科系统化课程开发模式建立在专业学科基础之上，以学科为中心，强调知识的系统性和完整性，以知识传授为基础，易于学校组织教学和课程评价，也称为"三段式"课程模式，即将课程分为基础课、专业基础课和专业课三类，或分为公共基础课、专业基础课、专业课和专业方向课四类，是一种学科系统化的课程模式。其特点是文化、专业理论与实践课程并列，重视文化基础知识，实践课程是传统学术课程的附加环节，文化课、专业理论课、专业实践课各自系统化，先学理论，再学实践。其优点是学科逻辑性、系统性很强，有利于学习者建构知识体系，弊端是易出现重知识记忆、轻知识理解，重知识结构的系统性、轻知识与实践整合的现象。

二、职业分析导向式课程开发模式

职业分析导向式课程开发模式主要借鉴了以能力为基础的 CBE 课程模式，通过职业分析归纳出职业岗位所需的技能点与知识点，从而形成课程的理论模块与实践模块，并且实践模块不再附属于理论模块，甚至其重要程序可超越理论模块。该模式的特点有两个：一是课程开发的目的是提高学习者的能力，突出职业能力的培养；二是以培养应用型人才为课程开发的出发点。但问题是，模块课程虽然提升了对学生实践能力的重视程度，但只是在理论课程上简单增加实训课程的方法，并未真正解决"三段式"课程中理论与实践脱节的根本问题，反而忽视知识的系统性和完善性，学生仍然无法将理论转化为实践。

三、"宽基础、活模块"课程模式

"宽基础、活模块"课程模式是在借鉴双元制、CBE、MES等模式的基础上研发的课程模式。该模式由"宽基础"（关键能力培养）和"活模块"（从业能力培养）两个阶段构成，"宽基础"阶段的教学内容集合了相关专业所需的知识和技能，包括文化课、专业理论课和通用技能课，主要任务是培养学生的职业兴趣与发展能力，拓宽学生的职业视野以应对职业的更新换代，为转岗和继续学习奠定基础；"活模块"阶段是选好模块后进行就业岗位的针对性训练，课程内容具有较强的定向性与应用性，强调以"问题为中心"的课程综合化。但在本质上，"宽基础，活模块"仍属于模块课程，只是对单一职业能力培养课程目标的改良，并没有脱离学科系统化课程开发的藩篱。

四、以实践为导向的项目课程开发模式

以实践为导向的项目课程开发模式是以工作任务为课程设置与内容选择的参照点，以项目为单位组织内容，以项目活动为主要学习方式的课程模式。以实践为导向的项目课程开发模式在设计上解构了传统的学科系统化课程开发模式，在理论层面上有效探索了目标、组织与实施等问题，受到了部分地区院校的欢迎。

但该模式的实施需要高素质复合型的师资队伍和较好的实训教学条件，需要学校与企业之间的密切合作，因此，该模式难以大范围进行试验与推广。

五、以工作过程为导向的课程开发模式

以工作过程为导向的课程开发模式是以认知心理学为理论支撑，以工作过程所需知识为基础选择课程内容，以工作任务为学习形式，以"六步法"为教学步骤，以使学生获得经验性质的工作知识和完整的职业能力为教学目的，具有由易到难递进的学习情境教学设计，是培养可持续发展能力和创新能力的课程模式。其优点在于吸收了模块课程的灵活性、项目课程的一体化特点，具有整体性和系统性的普遍规律，且将"决策"和"评价"两个反思性思维过程纳入教学环节，提高了学习者在课程学习中的自觉性和能动性。但该模式的弊端有两个：一是与工作任务匹配的教学情景单一，无法体现真实的企业复杂环境；二是对教师能力要求较高，同时需要企业全程参与，在实施上有一定难度。

从以上研究可以看出我国职业教育课程开发在理论上实现了从以学科系统化为导向到以工作过程为导向的转变，从强调以知识为中心转向以学生为中心，为提高职业教育人才培养质量提供了有力的内容保障。课程开发研究过程中的问题表现在，一是只是过去经验的学习与总结，二是仅停留在案例开发的层面，三是没有形成科学的课程开发逻辑体系。

第三节　职业院校课程开发存在的问题

一、实践调查不够

实践调查不够表现在三个方面：一是与企业的关系不紧密，即在课程开发的

过程中，一些教师闭门造车，或者与企业的联系不够深入，不了解企业的实际，只在理论知识方面下功夫，有的教师虽然口头上说与企业结合紧密，但实际上仍是自己单打独斗；二是对企业的人才需求特点和新变化把握不够，制订的人才培养计划和目标与实际需求差距较大，出现学生毕业就失业的现象；三是从企业中提炼的工作任务不够典型，也就是说调研企业的数量不够，教学后的工作任务不具备典型性，无法达到人才培养目标的要求。

二、目标实现不够

企业的发展和需求是随着市场和需求环境的变化而变化的，这就意味着企业业务会不断更新，管理会不断提升，制度会不断规范，人才需求规格也会随之变化。人才需求的多变性致使高等院校的人才培养目标、课程开发、实训环境要随着市场的变化而变化。就职业院校而言，目前很多学校实现不了所制定的培养目标，培养的学生不是企业所需要的高素质、高技能型人才。

三、思想认识不够

课程开发是职业院校教学的核心，目前部分职业院校对此在思想上认识不够，具体体现在四个方面：一是教师的惰性，很多职业院校教师觉得课程开发是件费时、费力、费钱的苦差事，便安于现状；二是有些教师认为觉得课程开发属于高技术、高难度的工作，应该是上级的事情，不属于普通教师的工作范畴，教师只负责讲课就可以了；三是对课程开发的真实用意和方法认识不清楚，很多教师在课程开发过程中，误认为对教学内容的删减就是课程开发，完全忽视了知识的系统性和学生认识的层次性；四是出现一些低层次的"挂羊头卖狗肉"的情况，很多教师仅仅是把章节改为项目、任务就以为是课程开发。

四、教师能力不够

对于高等职业院校，教师是职业教育发展的核心力量，只有教师的能力提升了，我国的职业院校才有希望。经过这几年我国大步伐地走出去和引进来，很多教师开阔了视野，对职业教育课程开发的认识有了很大的提高，但是不可回避的是，目前我国很多教师课程开发的能力还不够，虽然热情很高，但限于能力不足，最后导致课程开发质量不高。

五、团队配合不够

课程开发属于创新性的工作，不是一个人就能完成的，它需要信息技术、设备、管理技术等多方的配合。如今，我国很多职业院校是某个教研室单打独斗，或者负责讲授课程的一两个教师组团进行课程开发，如果这样的团队本身的能力就不高，那效果就可想而知了。院校或者相同专业的教师和企业才是进行课程开发的团队和主体。

第四节　课程开发趋势

《国家中长期教育改革和发展规划纲要（2010－2020年）》强调职业教育要面向人人、面向社会，着力培养学生的职业道德、职业技能和就业创业能力。同时要求，在教学体系中，构建课程标准与职业资格标准相融合、理论与实践教学一体化的职业教育课程体系。由此可以总结出课程开发的方向的三点要求，具体如下。

一、培养良好的职业素养

我国一直有"育人为本、德育为先"的教育思想，将对职业素养的教育进行课程化，放在课程开发的首位，是培养合格的高素质技能型人才的核心。北京财贸职业学院以"爱心、诚信、责任、严谨、创新"五个版块的课程作为素养教育的载体，开创了职业素养教育培养课程化的先河，具有一定的推广性。

学生良好的素养教育培养还应该与专业课程的学习和实践紧密结合，即在课程开发过程中，要从教学项目的设计、教学过程的设计、学生学习过程与结果的考核、学习小组组员间的协作等方面考虑，将素养教育融入整个学习过程。

二、培养较强的学习能力

学习能力就是学习的方法与技巧，是所有能力的基础，其决定了一个人未来的竞争力。较强学习能力的获得需要教师的指导并且需要通过较多的活动去观察、体验、总结和内化。

课程开发需要注重学生学习能力的提升，帮助学生掌握有效的、适合自身发展的学习方法和技巧。这就要求教师在课程开发过程中要重视教学内容的选取、教学活动的设计和教学结果的总结。

三、培养综合的专业技能

综合的专业技能体现在教师通过应用各种教学方法，使学生理解所学理论知识，具有应用理论知识进行分析、优化、设计和解决实际问题的能力，同时具备较熟练的业务操作处理、设备安全使用和一定的设备维护维修能力。

要实现综合专业技能的培养，就需要在课程开发方面与企业紧密结合，开发出能反映企业关键业务的课程，同时需要建设对应的教学环境，具体表现为企业专家和专职教师联合教学，以项目为导向，以任务为驱动，以比赛为教学组织方式，校企共同参与过程考核与结果考核。

第三章 "学赛一体化"课程内涵研究

北京财贸职业学院信息物流系物流教研团队在学院课程开发思想的指导下,创新地探索出新的项目课程开发模式——"学赛一体化"课程开发新思路。该模式符合职业教育发展规律,能够激发学生兴趣,培养学生综合职业能力,对提升学生职业能力、激发学生学习积极性和满足企业对人才素质的要求等都具有十分重要的意义。该模式已经过了教学上的实践,特别是国家级和北京市级的物流大赛的检验,并根据反馈信息在教学方法上不断创新,经实践验证,该模式在提升教学质量方面效果显著。接下来以该教研团队的课程开发为例探讨"学赛一体化"课程内涵研究。

第一节 "学赛一体化"课程的含义

"学赛一体化"课程是指在一定的环境下,以培养学生良好的职业素养、社会能力和专业技能为目标,采取项目教学方式,并以典型工作任务为驱动,由教师指导,通过小组自主学习、设计方案并实施,采取过程考核、小组间的比赛考核和教师的教学考核相结合的教、学、做、赛一体化的实训课程。该模式包含以下五种元素。

一、环境

从产业维度看,一方面物流行业市场规模达 15 万亿以上,当前的国内物流市场，处于转型升级的拐点，"科技赋能，机器换人"是必然趋势；另一方面市场需求更明确，即以客户为中心，以供应链为视角，客户需要的是能够直接连接客户，为客户创造高价值的服务体系。当前产业环境注重从整体供应链的角度出发，兼备物流装备研发和制造、规划设计、软件开发和系统集成的综合能力，为客户提供高柔性、高可靠性和高性价比的服务。由此"场景（环境）为王，技术为本"尤为重要。

从教学维度看，环境也可以说是场景，它是从事"学赛一体化"课程开发的物质基础，是课程顺利实施的教学场所。这个环境可以在企业业务现场（模拟），也可以在学校的实训室。考察环境好坏以是否能保证教学项目和任务顺利实施为依据，所以环境内要配有一定的设备、安全设施、信息网络、商品（模拟）和布局图。对这些软硬件的要求是以满足教学，适合自身条件为主。

产业的发展，市场需求的变化，拉动着职业教育对高素质复合型人才的培养方向，也是"学赛一体化"课程开发要实现的目标。

二、目标

目标是"学赛一体化"课程开发和建设的核心。该课程开发模式的目标就是培养学生有爱心、讲诚信、负责任、求严谨、重创新的职业道德，具有良好的团队协作、沟通能力和较强的分析问题、解决问题与学习、创新能力。这些能力是在每个项目中和项目下的任务实践中实现的，是在小组间的沟通交流、思维碰撞中获得的，是在实训环境里的实践中体验的，是在小组间的比赛中养成的。

三、项目与任务

项目是一组具有相对独立性的工作任务，可以是产品的设计与制作、故障的排除、服务的提供等；任务是工作过程中需要完成的单项工作。项目与任务是"学赛一体化"课程开发的主体。项目一般具有综合性的特点，项目间具有一定的连续性和可分割性。每个项目可以细分为多个任务，每个任务可以单独存在。项目与任务的开发需要企业和学校共同参与，并由教师将任务教学化。这个过程是动态的，需要多次修改完成。

项目设计要具有专业性，要根据整个物流行业的实际业务需求来整合设计。项目设计的具体表现可以是设计相对较小的完整项目或者某个单一项目，也可以是设计需要多部门密切配合的任务，所以教师在设计项目的时候要注重项目的整体性和现实意义。

四、教师与学生

教师是课程讲授过程中的指导者，作用是指导学生解决在完成项目或者任务过程中所遇到的问题；而学生是课程学习的主体和实践者，按照各自扮演的角色所要求的岗位职责发挥主观能动性去设计和实施教学项目或者任务。

开发"学赛一体化"课程的教师不仅有理论知识，还要有实践技能，掌握行业最新技术和发展趋势，具备专业培养方案的开发设计能力和较强的实践活动组织能力，为此建立"双师素质"和"双师结构"的师资队伍是高职院校加强专业建设的关键，更是开发高质量课程的重要助力。

五、考核评价

考核评价在整个教学过程起到导向、检验诊断、反馈调节等多重作用。考核评价应采用多方位、分层次的方式，全面评价学生掌握专业核心能力和关键能力的程度。考核评价应依据行业职业资格标准，具有多重性的考核内容，多样性的考核方式，保证教学成绩评定的公正与公平。

针对"学赛一体化"课程开发和实施效果的考核评价的考核方式和考核对象多样，有过程考核、结果考核和物流大赛，有对学生自身的考核，有组内和组间的考核，还有对教师的考核。

以上五个元素在"学赛一体化"课程中缺一不可，彼此间互相作用，互相影响，共同形成"学赛一体化"课程的基本内容。

第二节 "学赛一体化"课程开发的理论基础

"学赛一体化"课程开发所依据的课程理论为建构主义理论和情境学习理论。

一、建构主义理论

建构主义理论也被称为"结构主义理论"，该理论认为，学生对于知识的获取并非是在教师的教学中得到的，而是在自身与所处环境的相互作用下，通过顺应和同化的方式来获取，建构其属于自身的认知结构。学习主体应该是存在于一定社会文化及经济文化背景下的人，在周边环境的影响下，借助各种工具或者手段，吸收相关信息，再经主观分析和推理，建构起独特的知识结构。相较于传统认知，建构主义更加强调学习主体的主观能动性，将学习看作一个认知不断发展的过程，或者说是经验积累的过程。因此建构主义理论认为"情境""协作""会话""意义建构"是学习环境中的四大要素，即教师要积极创设情境，鼓励学生进行协作与会话，引导帮助学生进行知识的意义建构。

在建构主义教学模式下，教学活动的主体是学生，教师应重点关注学生的需求，无论是教学内容选择还是教学方案设计，都应该充分发挥学生的主体作用和能动性，建构相应的学习情境。也就是说，教师不应该是知识的传播者，而应该是教学的组织者、引导者和参与者，帮助学生建构起完善的知识体系。

学生要成为意义的主动建构者，就要求学生在学习过程中发挥主体作用。要用探索法、发现法去建构知识的意义，在建构意义的过程中要求学生主动去搜集并分析有关的信息和资料，要把当前的学习内容和自己已经知道的事物相联系，并对这种联系进行认真的思考。

教师要成为学生建构意义的帮助者，要在教学过程中发挥指导作用，激发学生的学习兴趣，形成学习动机，通过创设情境和提示新旧知识之间联系的线索，帮助学生建构当前所学知识的意义。为了使意义建构更有效，教师应组织学生进行协作学习，并对协作学习过程进行引导，使之朝着有利于意义建构的方向发展。

在"学赛一体化"的课程模式中，理论与实践被作为一个整体来传授，因此传统的"告知式传授"教学已不适应当前高职教学的实际，而要以建构主义理论为基础，通过构建情境，开展协作和会话，达到意义建构的目的。

建构主义对本课程的指导有三方面的意义。一是倡导"工学结合"，目标的实现是在一定环境下，通过小组间的交流互动，进行方案的设计与实施的，并体现"工学结合"的思想。同时，建构主义指导教师要设计能引导学生主动建构知识与技能的项目和任务。二是注重环境设计，环境是教学活动的物质载体，适合教学的环境可以提升教学效果。三是强调团队协作，建构主义注重团队的协作，团队间头脑风暴式的探究和讨论对意义建构起着重要的作用。

二、情境学习理论

情境学习理论认为，知识是一种基于社会情境的活动，而不是抽象的对象，知识不是静态的，而是动态发展的。情境学习理论的核心是个体与环境的相互作用和双向依赖，它的哲学思想是多元论或转换论，认为学习既是一个个体性意义建构的心理过程，也是一个社会性的、实践性的参与过程。个体与系统相互作用，共同构成一个动态的整体，而个体的心理活动以及环境都是该系统的构成成分。

在与具体情境互动的过程里，个体在脑海中不断地理解和运用知识，而且也在建构新的知识体系，从而改变过去的认知体系。

关于学习，情境学习理论认为，学习的实质是个体参与实践的过程，是与他人、环境等相互作用的过程，是形成参与实践活动的能力、提高社会化水平的过程。处于真实或准真实情境中的学习者，将自己所学的知识与脑海中已有的认知结构联系起来，在与他人或环境互动的过程中同化或者顺应新知识，形成新的认知结构。关于教学，情境学习理论认为，学习的实质是个体参与实践，而且知识和技能的掌握也要求新手充分地参与到共同体的社会文化实践中去。因此，在特定的情况下，学习者通过与他人和环境的互动活动来建构、掌握和应用知识。

"学赛一体化"的课程模式体现了以学生、项目情境、行动导向为中心的设计思想，在教学内容虚化、教学组织设计、教学方法选择、教学考核评价等方面体现了情境学习的理论内涵。

第三节 "学赛一体化"课程开发的基本特征

"学赛一体化"课程开发的基本特征有以下四个方面。

一、引入校企与大赛元素，搭建"学赛一体化"教学环境

"学赛一体化"的教学环境包括企业环境、大赛环境和学校实训环境。企业环境体现真实的企业工作氛围，按照企业规章制度的要求，在日常的工作中培养严谨、责任、创新、协作、沟通等职业素养，同时掌握和积累业务处理经验。大赛教学环境一般和学校的实训环境类似，在学校实训环境基础上稍加改进即可通用。大赛环境有统一的规则要求，比赛的重点是职业素养、专业技能和团队的协作能力，要体现创新精神。无论哪种环境，适合"学赛一体化"课程的应该是校

企合作共建的，能体现企业文化、职业精神、比赛氛围的，能发挥学生主观能动性的教学环境。在北京财贸职业学院的大力支持下，物流管理教研室有约 5000m^2 的物流实训环境，依据仓储、运输、国际货运代理、物流信息技术四个核心岗位，引入企业和职业竞赛，搭建了"学赛一体化"的教学环境，其中仓储教学环境在各级物流大赛中发挥了巨大的作用。

二、融合企业与大赛内容，开发"学赛一体化"课程体系

"学赛一体化"课程体系建设以培养物流基层主管为目标，依托仓储、运输、货运代理（简称"货代"）、物流信息技术四个岗位，按照职业能力递进规律，确定每个物流管理与业务岗位中的典型工作任务，以及完成工作任务所需的理论知识、专业技能、职业素养和其他能力等，同时引入大赛内容，进行基于项目和工作任务的课程设计，建设了包含"仓储配送中心布局与管理""运输配送路线优化""国际货运代理业务流程设计""物流管理信息系统"四门课程的"学赛一体化"课程体系。在项目或者任务设计的过程中，以"教、学、做、赛"为主线，任务的设计包括相关知识、任务解读、方案设计、方案实施、大赛考核五个步骤。

三、开办企业与学校双课堂，创新"学赛一体化"教学模式

教学课堂包括企业课堂和学校课堂。企业课堂的教学内容是教师和企业主管依据企业的实际情况和课程培养目标共同制定的，主要由企业专家负责教学，教师辅助。在企业课堂上，教师和企业专家一起设计比赛内容，通过不同的比赛项目检验学生的职业素养、团队协作能力、沟通能力以及业务能力。在学校课堂里，教师负责教学内容和考核评价标准的设计，通过大赛的环境、教学、考核等环节提高学生的综合能力。同时，依据内容运用不同的教学方法，如轴承法、案例教学法、滚雪球法等。

四、吸引企业与师生共同参与，建立"学赛一体化"评价体系

校企合作是"学赛一体化"课程开发的重点，其中校企共同制定考核标准，通过大赛完成对学生综合能力和职业素养的考核评价是"学赛一体化"课程的特色。考核标准的重心是评价学生在职业素养、团队配合、创新和业务技能等方面的表现，具体考核方法是每一项任务评价内容由专人按照统一的考核指标进行打分或者按照成本的大小来确定项目整体的表现情况。

第四章　"学赛一体化"课程体系开发

第一节　"学赛一体化"课程体系开发的原则

课程开发是高职教育的核心，课程开发具有一定的原则，如系统性的原则、区域性的原则、综合性的原则和先进性的原则等，而"学赛一体化"课程开发在遵循这些原则基础上，也有一些自身的原则。

一、多元性原则

"学赛一体化"课程开发涉及多个方面。在校企合作方面有教学与实训内容的开发、比赛考核的共同参与、企业实训环境的共建；在师生方面有教师的教学内容设计、教学过程的监控与指导、考核标准设计，学生的团队协作、团队间的竞争和学生的自主创新；在教学内容的设计方面还紧密结合国家物流职业资格证书的内容，以提升取证率。总之，"学赛一体化"课程的开发体现行业、企业、学校、教师、学生等多元性的特点。

二、目标性原则

"学赛一体化"课程开发紧密结合区域经济特点，以培养物流基层主管为目标。通过"学赛一体化"课程体系的学习，学生在职业素养、社会能力、学习能力、就业能力和专业技能等各方面都能得到一定的提高，特别是能学会学习，具有较强的分析和解决问题的能力，具有创新精神和团队精神。总之，"学赛一体化"课程的开发在人才培养目标、教学目标和未来发展等方面具有清晰的目标性原则。

三、开放性原则

"学赛一体化"课程开发是随着区域经济的发展而发展的，合作的企业在数量和质量上也会随之发生变化和改进，同时，校企合作开发的内容、教学环境和评价体系也会随之更新，体现了"学赛一体化"课程开发的开放性原则。

四、唯一性原则

高职教育是从职业出发，以就业为主的教育。"学赛一体化"课程开发的教学环境建设、内容开发、考核评价以及以学生为中心的自主学习和实训等都是围绕着培养就业所需综合职业能力来展开的，体现了唯一性原则。

第二节　"学赛一体化"课程体系开发的程序

"学赛一体化"课程开发是以培养就业所需要的能力为核心的，它需要对以往反映职业能力的知识、技能、态度和经验进行重新组合，按照"学赛一体化"的模式进行构建。一般的开发程序是"企业岗位调研—岗位职责及任务分析—典型工作任务与项目确定—核心课程的确定—核心课程体系的确定"。

一、企业岗位调研[①]

选择典型的对区域经济发展贡献度较大、在本行业发展较好、能够深入配合学校进行课程开发的企业，从整个行业发展现状，典型企业发展现状，企业核心

---

① 企业调研步骤见附件 A。现代物流管理专业调研报告见附件 B。

岗位类型及职责，所需的知识点、技能、素养等方面进行深入调研，可以采取专家座谈会、现场观察交流、问卷调查等形式。调研的目的是要获得核心岗位以及更高层次的岗位对人才需求的标准和规格，以此确定人才培养的目标。

二、岗位职责及任务分析

根据调研的结果，组织企业专家、行业专家和教学专家进行评审讨论，并重点考虑企业专家的建议，结合学校自身的人才培养目标定位，通过头脑风暴法，对岗位职责和任务进行重点分析，筛选出核心职责及技能。

三、典型工作任务与项目的确定

岗位典型工作任务反映该岗位的核心能力，只有掌握这些典型的工作任务，具备岗位所要求的职业能力，才能说是合格的员工。典型工作任务确定后，可以按照能力递进的思路对这些任务进行重排，并将不同的任务组合在一起，以形成典型的工作项目。

四、核心课程的确定

核心课程在整个专业课程体系中居于核心地位，是合格专业人才必须要掌握的内容之一，与其他核心课程之间具有内在的、不可分割的有机联系，这些核心课程一起构成了专业的核心课程体系。

五、核心课程体系的确定

课程体系是某专业为实现人才培养目标所设置的，由多门分工不同的课程组成。核心课程体系属于课程体系的一部分，处于核心地位，在课程建设和开发的过程中，需要利用专门的技术和力量才可以确定，并且也是"学赛一体化"课程体系所要建设的主要内容。

第三节 "学赛一体化"课程体系建设

如上所述，"学赛一体化"课程体系针对于核心课程。北京财贸职业学院现代物流管理专业"学赛一体化"课程体系包括了"仓储配送中心布局与管理""运输配送路线优化""国际货运代理业务流程设计""物流管理信息系统"四门核心课程。这四门核心课程是面向首都经济区域发展现状，调研北京上百家物流企业后提炼总结的结果。接下来以北京财贸职业学院现代物流管理专业为案例对"学赛一体化"课程体系建设进行介绍。

一、人才培养模式

按北京市企业对高职物流人才的岗位需求，依据北京财贸职业学院培养基层主管的目标定位，现代物流管理专业岗位包括仓储配送部业务主管，物流运输部调度，国际物流部报检员、跟单员，信息管理部主管四个岗位。这四个岗位需要训练三项职业能力，包括职业基础能力、业务操作管理能力和方案筹划设计能力。职业基础能力主要是对职业素养的训练和调查分析能力；业务操作管理能力包含仓储配送业务管理、物流运输管理、国际货运代理业务管理和物流信息技术管理能力；方案筹划设计能力包括仓储配送方案设计、运输路线优化方案设计、国际货运代理业务流程设计、物流管理信息系统方案设计等能力。同时，学院通过学生的物流管理专项技能展示、物流技能大赛表现和物流毕业设计方案来对学生进行全面考核，结合校内实训室和校外实训基地工学双课堂，通过任务驱动的教学项目设计，设置三证书（毕业生证书、技能证书和财贸素养证书）能力培养体系，即"4323"职业能力培养体系。

在具体实施过程中，北京财贸职业学院与企业一起探索了现代学徒制人才培养模式。现代学徒制是通过学校、企业深度合作，教师、师傅联合传授，对学生进行以技能培养为主的现代人才培养模式。

依托北京财贸职业学院双高校建设，以培养京商文化引领的"懂智能技术、会经营管理、能商旅跨界"的高素质复合型技术技能人才为目标，深化现代学徒制，构建"六双递进"人才培养模式。

"六双递进"人才培养模式基于"全职业生涯教育"理念，针对企业高技能人才需求和岗位资格标准，以校企合作为基础，以学生（学徒）的技能培养为核心，以专业设置和课程改革为纽带，以工学结合、半工半读、工学交替为形式，以学校、企业的全程参与和教师、师傅的深入指导为支撑，实现现代学徒制培养全覆盖，落实"1+X"证书制度。其显著特征为"双来源（学生+社会人士）入口、双主体（学校+企业）育人、双导师（教师+师傅）指导、双课堂（学校+企业）教学、双身份（学生+学徒）学习、双证书（学历证书+X 职业等级证书）检验"，实现在学生入学至毕业就业的全过程中，校企全程参与共同育人。在育人形式上采取"育、训、赛、创、服"育人手段，即通过素养教育、实习实践、职业技能大赛、创新创业、社会服务五大手段，实现全程育人。

二、专业人才定位

现代物流管理专业人才定位面向首都现代物流服务业，培养具备良好职业素养，熟悉物流业务流程，掌握物流操作技能，能够运用信息技术进行物流业务管理的高素质技能型人才。就业岗位包括仓储配送岗位群、物流运输调度岗位群、国际物流岗位群和信息管理岗位群等。

三、课程体系建设

课程体系建设按照职业能力递进规律，确定每个物流管理业务中的典型工作任务，以及完成工作任务的核心能力，支持核心能力的专业理论知识、专业技能、职业素养和其他非专业能力等，由此来进行基于项目或任务的课程设计。

课程开发基于专业培养定位。以典型工作任务分析法为基础，通过专家座谈会对岗位进行分析，提炼出典型的工作任务，在进行系统化处理后得到具有相互联系的具体任务和工作项目，最后形成核心课程和整个专业的核心课程体系。

1. 调研企业、岗位及职责

调研的企业主要有北京朝批商贸股份有限公司、北京顺鑫绿色物流有限公司、北京京卫药房科技公司、北京方正科技信息产品有限公司、华北电力物资总公司、北京德利得物流有限公司、北京超市发连锁股份有限公司、北京飞机维修工程有限公司、北京东方信捷物流有限公司、北京大三环食品有限公司、北京市东方友谊食品配送公司、北京物流协会、北京物美商业集团股份有限公司、敦煌网、北京宅急送快运股份有限公司、北京亿都川服装集团有限公司、中国外运股份北京分公司、中国远洋物流有限公司等。企业调研结果见表4-1。

表 4-1 企业调研结果

岗位类型		职责及主要任务	核心业务
采购	助理	请购单、验收单的登记；访客的安排与接待；电脑作业及档案管理；承办保险、公证事宜	电脑作业及客户接待
	采购员	与供应商谈判价格、付款方式、交货日期等；一般索赔案件的处理；处理退货；收集价格情报及替代品资料	与供应商谈判及资料收集和事故处理
	采购主管	编制年度采购计划与预算；签订、审核订购单与合约；建立与供应商良好的伙伴关系	采购合同的签订和采购计划的编制
仓储配送	仓储主管	管理公司的仓储业务；仓库管理的各项指标评价；对业务处理中出现的问题进行解决	业务问题解决和评价
	仓管员	入库货物检验；单据填制；库内货物保管；出入库业务作业	日常业务处理
	统计员	票据的整理、统计；出入库信息数据统计	数据统计分析
	配送员	填写配送单据；熟悉路况和客户分布；货物的安全管理；送货前的装车；处理配送过程中出现的差错	熟悉路况；车辆配载和配送过程问题处理

续表

岗位类型		职责及主要任务	核心业务
运输	司机	熟悉客户的路线；掌握车辆的技术性能；精通配送业务	熟悉路况
	调度主管	运输计划的制订；运输成本的核算；调度车辆	成本核算和车辆调度
信息	信息操作员	信息采集；信息设备技术操作与识别；信息软件操作	数据获取和信息设备操作
	信息主管	系统维护；数据查询与分析；设备和硬件的管理	信息数据分析
货代	接单员	单据识读；客户沟通	客户沟通
	订舱操作员	货运代理软件操作；订舱管理；信息数据收集	订舱管理
客户服务	客服主管	绩效管理；客服方案设计；异常问题处理；与客户及客服专员沟通	绩效管理与异常问题处理
	客服专员	客户沟通；投诉处理；相关信息数据处理	客户沟通及问题处理

2. 确定岗位能力

根据调研结果分析得出岗位能力，见表4-2。

表4-2 岗位能力

岗位	方法与社会能力	业务能力	技能点
仓储配送岗	分析判断能力；表达沟通能力；协调合作能力；熟悉业务流程；掌握业务程序；执行业务标准；处理日常业务	能运用谈判技巧与客户沟通；娴熟的计算机操作技术；较强的文字书写能力；掌握统计方法，会统计分析；能运用物流软件进行业务操作；掌握市场调查、预测、分析方法；掌握基本的仓储配送物流管理定量分析方法；掌握仓储配送业务管理过程中的内容和问题处理方法；能识别和正确填写仓储配送单据	仓库管理系统（WMS）管理软件操作 仓储配送业务操作 仓储配送表单填写 仓储配送数据预测 商品巴雷托（ABC）分类 库存控制策略 物流仓储配送数据分析 物资调配问题 配送路线优化 配送人员管理及配送绩效指标评价

续表

岗位	方法与社会能力	业务能力	技能点
运输调度岗	分析判断能力；表达沟通能力；协调合作能力；熟悉业务流程；掌握业务程序；执行业务标准；处理日常业务	能运用谈判技巧与客户沟通；娴熟的计算机操作技术；较强的文字书写能力；掌握统计方法，会统计分析；能运用物流软件进行业务操作；掌握市场调查、预测、分析方法；能进行简单的运输方案的设计；能识别和正确填写物流运输单据；掌握物流运输业务中的组织、管理与分析方法	运输计划的制订
			运输合同的制定
			整车运输组织
			普通零担货物运输组织
			集装箱运输组织
			特殊货物运输工作组织
			车辆运行组织
			在运输组织中应用管理数学方法
国际货运代理岗	分析判断能力；表达沟通能力；协调合作能力；准确的语言表达能力；与顾客沟通、为顾客服务的能力；熟练的订单处理能力；掌握国际空运、海运货运处理的流程和方法	娴熟的计算机操作技术；较强的文字书写能力；掌握统计方法，会统计分析；能运用成本核算方法进行核算；掌握市场调查、预测、分析方法；熟悉单证填写要求并能准确无误地填写；熟悉通关业务流程；能按照业务流程和操作方法对日常海运、空运、多式联运进出口业务进行处理；具备使用英语进行业务处理的能力	国际货物运价核算
			使用贸易术语报价
			运输工具和航线的选择
			熟悉主要商业单证
			熟悉制单操作
			进出口商品检验流程以及报检单的填制
			熟悉货物的到达与交付操作
			熟悉货物的通关程序
物流信息管理岗	分析判断能力；表达沟通能力；协调合作能力；熟悉信息录入标准；掌握相关软件技术；熟悉物流业务流程；了解各作业环节之间的相互关系	娴熟的计算机操作技术；较强的文字书写能力；掌握统计方法，会统计分析；能运用成本核算方法进行核算；掌握市场调查、预测、分析方法；能按照信息系统操作规程及要求正确录入信息；能按照信息系统规定的业务流程正确作业；能排除简单的计算机故障，具备常用物流软件的操作、维护和数据分析能力；掌握物流基本的业务处理程序和方法；具备物流系统的局域网维护能力；具备物流财务报表核算能力；物流客户服务能力	物流管理软件简单语言编程
			物流信息技术类型、使用方法
			物流管理信息系统操作管理
			物流管理系统数据维护
			物流信息基础数据的录入
			物流公司财务核算
			物流客户服务管理

3. 确定典型工作任务与核心课程

依据岗位确定典型工作任务，形成核心课程，确定考核方式、证书教学环境、师资安排。典型工作任务与核心课程见表 4-3。

表 4-3　典型工作任务与核心课程

岗位		典型任务	核心课程	考核方式	证书	教学环境	师资安排
仓储配送	操作员	仓储配送入库业务	仓储配送中心布局与管理	企业鉴定技能大赛	助理物流师	实训室/企业	校内、校外
		仓储配送拣货业务					
		仓储配送盘点业务					
		仓储配送出库业务					
		仓储配送保管业务					
		仓储配送表单填写					
		仓库管理系统 WMS 操作					
	业务主管	商品巴雷托分类					
		确定库存控制策略					
		工人调配					
		仓储配送数据分析					
		物资调配					
		配送路线优化					
		物流仓储配送数据预测					
		仓储配送绩效评价					
		仓储合同编制					
物流运输	操作员	运输计划的执行	运输配送路线优化设计	企业鉴定技能大赛	助理物流师	实训室/企业	校内、校外
		运输合同的执行					
		整车运输实施					
		集装箱运输实施					
		特殊货物运输实施					
		普通零担货物运输实施					
		运输管理软件操作					

续表

岗位		典型任务	核心课程	考核方式	证书	教学环境	师资安排
物流运输	业务主管	运输计划的制订	运输配送路线优化设计	企业鉴定技能大赛	助理物流师	实训室/企业	校内、校外
		运输合同的制定					
		整车运输组织					
		普通零担货物运输组织					
		集装箱运输组织					
		特殊货物运输工作组织					
		车辆运行组织					
		在运输组织中应用管理数学					
国际货运代理操作岗	操作员、客户服务员、业务主管	国际货物运价核算	国际货运代理业务流程设计	企业鉴定技能大赛	助理物流师	实训室/企业	校内、校外
		使用贸易术语报价					
		进出口报关单的填制					
		熟悉主要货运代理单证					
		进出口商品检验流程以及报检单的填制					
		掌握货运代理英语					
		运输工具和航线的选择					
		货物的到达与交付操作					
		熟悉货物的通关程序					
		国际货运代理软件操作					
物流企业	操作员、操作主管	物流数据录入维护	物流管理信息系统	企业鉴定技能大赛	助理物流师	实训室/企业	校内、校外
		物流数据核算分析					
		物流数据统计分析					
		物理信息系统管理软件操作					
	系统维护员、系统维护主管	物流数据库操作					
		计算机程序设计					
		物流公司网站设计					

4. 确定核心课程建设思路

按照工学结合与校企合作原则，紧紧围绕物流基层主管典型工作任务，以"仓储配送中心布局与管理""国际货运代理业务流程设计""运输配送路线优化""物流管理信息系统"课程进行系统建设。将学生毕业设计选题与物流业务课程、课程系统开发与物流基层主管职业技能证书开发相结合。通过设定每门课程校内实训课时占 50%、校外顶岗实习课时占 50%，实行校内实训与校外顶岗实习一体化学习与管理。将课程考核与职业技能证书相结合，考核以方案设计、技能大赛等形式进行。上述四门课程的具体建设思路如下。

（1）"仓储配送中心布局与管理"课程。仓储配送中心布局与管理是物流基层主管应该具备的核心专业能力，课程内容主要包括布局理论、企业案例学习、企业调研、业务流程与布局设计、业务与布局优化五类典型工作任务。目前，国内尚无高校开设能够涵盖仓储配送中心布局与管理全部内容和主要工作任务的课程。开设"工学结合"的"仓储配送中心布局与管理"课程是全新的建设，是对物流基层领班岗位的新的探索。

"仓储配送中心布局与管理"课程引进北京顺鑫绿色物流有限公司、北京市东方友谊食品配送公司的典型个案，按照上述五类典型任务的真实工作过程进行建设。"仓储配送中心布局与管理"课程建设内容汇总见表 4-4。

（2）"国际货运代理业务流程设计"课程。国际货运代理业务流程设计是物流基层领班人员应具备的典型的核心专业能力，课程内容主要有接单、订舱、进出关流程、运提单处理和堆场保税库管理五类典型工作任务。该课程引进全球国际货运代理有限公司和中外运国际货代有限公司的典型案例，按照上述五类典型任务进行建设。学生通过对"国际货运代理业务流程设计"课程的学习、校内实训与企业实习，初步掌握国际货运代理业务的工作流程设计知识。"国际货运代理业务流程设计"课程建设内容汇总见表 4-5。

表 4-4 "仓储配送中心布局与管理"课程建设内容汇总

课程	课时		教学目标	教学内容	教学环境		教学方式	考核
	校内	企业			校内	企业		
仓储配送中心布局与管理	150	150	掌握仓储配送布局的基础理论、应用理论、动手流程、基本构思;了解北京市物流企业布局的实际情况;掌握布局及流程设计的高技能,培养创新能力和设计能力,提高就业能力	★仓储配送布局理论 ★物流企业布局现状 ★企业调研分析 ★布局及业务流程设计 ★布局及业务流程优化	仓储配送中心布局与管理实训室依照北京顺鑫绿色物流公司、北京东方友谊食品配送公司两家企业的真实环境,按比例尺微缩进行设计	在北京顺鑫绿色物流公司、北京东方友谊食品配送公司两家企业的真实仓库环境中,进行布局及流程优化设计	工学结合、项目式教学	技能大赛:(结合物流基层领班人员的职业技能进行考核) 学生可从两个指定企业中任选其一进行设计: 企业整体物流业务流程设计(40分); 仓库布局设计(40分); 布局及业务流程优化(20分)

表 4-5 "国际货运代理业务流程设计"课程建设内容汇总

项目	课时		教学目标	教学内容	教学环境		教学方式	考核
	校内	企业			校内	企业		
国际货运代理业务流程设计	150	150	将全球国际货运代理有限公司、中外运国际货代有限公司的真实国际货运代理业务引入国际物流实训室。学生在实训室中进行项目训练,掌握各业务相应的业务管理知识,培养学生的流程设计和项目管理能力,提高学生实际流程设计工作能力	★接单 ★订舱 ★进出关流程 ★运提单处理 ★堆场保税库管理	在国际物流实训室中进行,按全球国际货代理有限公司、中外运国际货代有限公司两家企业的真实营销策划业务进行训练	在全球国际货运代理有限公司、中外运国际货代有限公司两家企业的货运代理业务部的真实环境中进行促销方案设计和实施	工学结合、项目式教学	技能大赛:(结合物流基层领班人员的职业技能进行考核) 学生可从两个指定企业中任选其一进行设计: 空运单据的业务流程设计(40分); 海运单据的业务流程设计(30分); 陆运单据的业务流程设计(30分)

(3)"物流管理信息系统"课程。掌握物流管理信息系统知识是物流基层领班人员应具备的典型的专业核心能力,按照企业实务,课程内容主要包括物流数

据获取、物流数据存储、物流数据分析和物流数据决策等典型工作任务。"物流管理信息系统"课程引进易通交通信息发展有限公司和天下通（北京）货运代理有限公司两家企业的典型个案，按照上述四类典型任务进行建设。学生通过"物流管理信息系统"课程的学习、校内实训与企业实习，初步掌握物流管理信息系统的实务和管理工作流程。"物流管理信息系统"课程建设内容汇总见表 4-6。

表 4-6 "物流管理信息系统"课程建设内容汇总

项目	课时		教学目标	教学内容	教学环境		教学方式	考核
	校内	企业			校内	企业		
物流管理信息系统	150	150	将易通交通信息发展有限公司、天下通（北京）货运代理有限公司的真实业务管理流程引入物流综合管理实训室，在实训室中进行项目训练。使学生掌握数据获取、数据存储、数据分析和数据决策等技能，培养学生的综合数据管理能力	★物流数据获取 ★物流数据存储 ★物流数据分析 ★物流数据优化	物流综合管理实训室按易通交通信息发展有限公司、天下通（北京）货运代理有限公司两家企业的真实管理流程建设，训练学生数据管理业务	在易通交通信息发展有限公司、天下通（北京）货运代理有限公司两家企业的真实环境中，进行物流管理信息系统分析	工学结合、项目式教学	技能大赛：（结合物流基层领班人员的职业技能进行考核）学生可从两个指定企业中任选其一进行设计：物流数据获取（30分）；物流数据存储（20分）；物流数据分析（30分）；物流数据优化（20分）

（4）"运输配送路线优化"课程。运输配送路线优化是物流基层领班人员应具备典型的专业核心能力，按照企业实务，课程内容主要包括承运人选择、运输路线选择、运输路线优化、运输成本控制等典型工作任务。"运输配送路线优化"课程引进安信捷达物流有限公司和京东物流集团两家企业的典型个案，按照上述四类典型任务进行建设。学生通过"对运输配送路线优化"课程的学习、校内实训与企业实习，初步掌握运输配送路线优化的实务和管理工作流程。"运输配送路线优化"课程建设内容汇总见表 4-7。

表 4-7   "运输配送路线优化"课程建设内容汇总

项目	课时		教学目标	教学内容	教学环境		教学方式	考 核
	校内	企业			校内	企业		
运输配送路线优化	150	150	将北京安信捷达物流有限公司、京东物流集团的真实业务管理流程引入运输配送路线优化实训室,在实训室中进行项目训练,使学生掌握承运人选择、运输路线选择、运输路线优化、运输成本控制等技能,培养学生的综合数据管理能力	★承运人选择 ★运输路线选择 ★运输路线优化 ★运输成本控制	运输配送路线优化实训室按北京安信捷达物流有限公司、京东物流集团两家企业的真实管理流程建设,训练学生运输配送业务	在北京安信捷达物流有限公司、京东物流集团两家企业的真实环境中,进行物流管理信息系统分析	工学结合、项目式教学	技能大赛:(结合物流基层领班人员的职业技能进行考核)学生可从两个指定企业中任选其一进行设计:承运人选择(30分);运输路线选择(20分);运输路线优化(30分);运输成本控制(20分)

5. 考核标准

具体的标准如下。

(1)制定意义。物流是一门实践性很强的学科,物流作业与管理人员不但要具有扎实的专业知识和良好的职业素养,还应具备一定的解决问题和分析问题的能力。物流管理教研室以学生就业为出发点,以为企业培养合适的具有综合职业能力的人才为目标,依据教学内容对考核标准进行设计。

在目前已有的职业资格技能考核办法的基础上,校企合作制定评价标准,突出物流岗位的核心业务,体现物流管理技能点的综合性和先进性,然后根据学生达到的分数,给予不同的评分等级。

(2)实施方法。"学赛一体化"课程采取课堂讲解、学生设计、模拟训练、实战演练、企业实训和技能大赛等方式,对技能点反复练习,综合训练,以实现人才培养的目标。第四学期将在企业和学校实训室重点训练学生的综合职业技能,学生的成绩由平时和期末的成绩综合后给出。根据比赛的成绩和日常的表现,选拔优秀的同学参加北京市级物流职业技能大赛和全国物流职业技能大赛，并对参加大赛的学生给予表扬与奖励。

（3）考核办法与标准。"学赛一体化"课程考核分为优、良、中、及格共四个等级，其中相关知识考核比例占 50%，方案设计与操作技能考核比例占 50%。相关知识考核题型为选择题、简答题、计算题和案例分析题，此部分与职业资格证书考试紧密结合。考核内容与等级标准见表 4-8。

表 4-8　考核内容与等级标准

考核内容	题目类型		分值与等级标准	
	相关知识占比/%	方案设计与实施占比/%	等级标准	分值区间/分
仓储配送中心布局与管理	50	50	及格	(60,70]
国际货运代理业务流程设计	50	50	中	(70,80]
运输配送路线优化设计	50	50	良	(80,90]
物流管理信息系统	50	50	优	(90,100]

说明：

- 第一部分是相关知识考核，其中选择题、简答题、计算题和案例分析题分数占比为 3∶3∶2∶2，总分 100 分。计算题按照步骤给分，简答与论述题根据要点给分，案例分析题要求观点正确、逻辑清晰、文字整洁。第二部分是方案设计与实施，总分 100 分。两部分得分都达及格线时，方可判定此课程考核合格。

- 考试时间标准见表 4-9。

表 4-9　考试时间标准

内容	考试时间	考试形式
相关知识	90 分钟	闭卷
方案设计与实施	360 分钟	比赛

- 题库规模：每科课程 200 题，其中相关知识部分有 100 题，方案设计与实施部分有 100 题。

第五章 "学赛一体化"课程标准

课程标准是规定课程的性质、目标、内容框架、教学建议和评价建议、实施建议的纲领性教学文件，是教材编写、教学组织、教学评价和教学考核的基本依据，其编制思想要遵循校企合作、工学结合、"学赛一体化"的原则，以提高课程教学质量为目标，以创新课程体系和改革教学内容为重点，建立以职业素养养成和职业能力培养为核心的课程标准。

第一节 基本原则

一、系统性

课程标准是多方面内容相互影响、相互支持的一个整体系统。在这个系统中，各部分相互作用，共同实现培养的目的，体现了课程标准的系统性。

二、针对性

课程标准要根据本专业的人才培养目标，以专业核心能力的学习为主线，由此确定课程的定位、目标和任务。

三、一致性

"学赛一体化"课程目标是培养具有良好职业素养、综合职业能力和一定创业能力的高素质技能型人才。课程标准要在注重核心业务能力培养的同时，注重职业素养的养成，实现素养、知识、技术的一致性。

四、适应性

专业的发展伴随着科学技术进步、社会经济发展以及社会需求的发展，设计多元化、项目化的课程体系，能体现出课程体系对社会环境、职业岗位和个性发展的适应性和协调性。

五、职业性

"学赛一体化"课程内容应符合职业岗位的实际，与国家和行业职业标准相结合，体现对学生职业素养和职业能力的培养，体现教学内容的导向性和教学方法的实用性。

第二节　编制程序

一、企业调研

选择典型企业的相关岗位，对这些岗位所需的职业素养和职业能力进行调研，形成课程职业能力分析与教学分析资料。

二、初稿编写

在进行课程职业能力分析与教学分析的基础上，构建课程结构框架，把职业能力分析和教学任务分析转化为工学结合的课程内容，编写课程标准初稿。

三、专题研讨

邀请行业专家、企业人员、课程专家及专业教师对课程标准初稿进行讨论、修改，形成终稿。

四、组织实施

按照课程标准的要求，配置教学资源，组织课程实施，并及时收集、整理实施过程中的评价意见。

五、修订完善

根据实施评价和反馈的意见，对课程标准进行滚动修订，不断提高课程标准质量及实施成效。

第三节 主要内容

课程标准的主要内容包括课程概述、课程目标、课程内容与要求、实施建议几个部分。

一、课程概述

课程概述包括课程性质、基本理念和设计思路。课程性质描述本课程在专业人才培养中的地位、作用和功能，与其他课程的关系以及课程类型等内容。基本理念阐明课程教学中应遵循的指导思想和基本原则，突出学生的主体地位。设计思路阐述课程的总体设计原则、课程设置依据、课程内容结构、理论与实践比例、课时安排说明、学分分配与考核评价方法等内容，要体现课程标准的先进性和创新点。

二、课程目标

课程目标要面向全体学生并考虑个体差异，具体包括总体目标和具体目标。总体目标是对课程学习预期结果的综合描述，体现专业人才培养目标，具体目标是职业素养和职业能力的具体说明。

三、课程内容与要求

课程内容与要求主要阐述项目应实现的具体学习目标，并用清晰的、便于理解及可操作的行为动词进行描述。选取的项目大小和数量应适中，不宜过大、过多，项目要由易到难、由浅入深、循序渐进，具有真实性、完整性和典型性特点。项目内容包括工作任务、教学目标、相关知识（理论知识、实践知识）、考核评价等。

四、实施建议

实施建议包括课程教学的组织实施、评价方法、教材编写、实验实训设备配置、课程资源开发与利用等建议。教学建议要体现课程"学赛一体化"的理念，教学组织形式以实习实训场所为中心，融"教、学、做、赛"为一体。评价建议体现多元评价方法，重视过程评价，突出能力评价、职业素养评价，注重对学生动手能力和在实践中分析问题、解决问题能力的考核。教材编写建议应按课程标准编写教材，选用的教材应符合课程标准的基本要求。实验实训设备配置建议应根据课程内容和要求，对实训（实验）室设备配置提出要求。课程资源开发与利用建议包括课件、实训规范、信息技术、实训基地、网络资源、仿真软件等建议。课程标准示例见附录 D。

第六章　"学赛一体化"课程教学设计研究

第一节　教学项目设计

一、教学项目设计原则

"学赛一体化"课程是"教学同步，做赛一体"的职业能力课程，其教学项目围绕着这个主线来进行开发。"学赛一体化"教学项目的设计遵循的原则是综合性、整合性和操作性。

（1）综合性。从教学上讲，对于"学赛一体化"课程项目的开发需要有项目的组织结构（人员、岗位、职责）、项目的环境构成即涉及的元素（用到的设备、材料、耗材）、项目的方案设计（依据任务设计流程，形成方案，按照某种标准实现优化）、项目的实施控制（按照流程完成任务或者展示，并集体解决实施过程中的问题，修改流程后继续进行）、项目的考核评价（根据设定的评价指标去考核项目完成的效果，可以定性，可以定量，并最后有数据分析过程）。总之，"学赛一体化"课程的项目设计体现了综合性原则。

（2）整合性。"学赛一体化"的项目设计需要整合不同企业的工作流程和业务技能，提炼出典型的工作任务，同时，在项目设计和实施过程中，需要整合非专业知识，应用多门课程知识进行研究性学习，体现出项目设计的整合性。

（3）操作性。"学赛一体化"课程项目还要体现可操作性，不但要易于教师组织、管理，培养学生的职业能力，而且也要易于学生设计与实施，且在评价方面易于操作，进而体现出课程"教学同步，做赛一体"的特点。

二、教学项目设计理念

以具体岗位为出发点，以培养学生职业素养和综合的职业能力为目标，以"教学同步，做赛一体"为主线，以学生（小组）自主性研究学习为教学形式，以项目为导向，以任务为驱动，以能力递进和职业发展为培养方向，紧密结合职业资格证书设计教学项目。

三、教学项目设计内容

"学赛一体化"的教学项目包含项目目标、项目内容、项目环境、项目方案设计、项目实施与控制、项目评价等。项目目标体现了职业素养和职业能力的培养。项目内容来源于企业，以典型工作任务为载体，体现了企业的核心业务。项目环境紧密结合项目内容，场所可以是企业现场，也可以是学校实训室。项目方案设计是学生研究学习的过程，教师角色是"引路人"，学生是"探索者"。项目实施与控制是通过技能展示、物流比赛，执行项目设计方案，在"教、学、做、赛"一体的过程中培养学生的职业素养和综合职业能力。项目评价是学生、教师、企业三位一体的过程性评价和结果性评价的结合。

综合的项目可以分解成不同的任务，每个任务对应一个核心的技能点。从企业典型的工作过程中提炼出任务，在教学过程中任务可以单人进行，不像项目那样需要学习小组协作完成。

四、教学项目设计过程

1. 企业调研

企业调研是教学项目设计的第一步。通过企业调研可以了解企业发展的现状和人才需求的特点,可以提炼出企业核心业务和核心技能,为培养出满足区域经济发展需求的人才打下基础。

调研的方法有多种类型。可以设计问卷,采取通俗易懂的语言,短时间内获得所需信息;可以以电话沟通,以较低的成本在更大的范围内获得相关资料,但需要有较强的沟通和心理承受能力;可以走访企业,选取合作关系较好的典型企业面对面地深入沟通,在企业领导的配合下获得较详细的资料。调研数据的分析可以依据需要选择定性或者定量的分析方法。

2. 项目提炼

项目提炼是一个创造的过程,它需要教学团队对企业的调研数据进行深入分析,探寻出能深入反映事物本质或规律的内容。

教学团队由行业专家、企业专家、课程开发专家和教师等共同组成,在进行数据分析的过程中,需要提炼出能体现岗位特点和课程培养目标的核心能力、核心任务,最后形成具有某种规律的综合教学项目。

以"仓储配送中心布局与管理"课程为例,对此课程的项目按由易到难,由简单到复杂的顺序,结合岗位和职业发展规律,由保管员到仓储主管递进上升的职业发展规律,结合从企业中来到企业中去的闭环设计,可提炼出五个综合的项目,分别是仓储配送中心认知、仓储配送中心业务操作、仓储配送中心运营控制、仓储配送中心布局优化、仓储配送综合业务实训(储配方案设计与实训)。

3. 环境配置

项目的执行和任务的实施需要教学环境的支持,这是完成教学项目的一个重要的组成部分,也是"学赛一体化"课程必不可少的一环。

教学环境的配置要在有效、有利、有节的前提下,结合专业人才培养目标和课程培养目标进行设计、论证、建设和运行。教学环境的建设也包括企业实训环境的建设,可以采取校企共建或现场实训的做法。

教学环境的建设要具有一定的开放性，即随着课程建设需求的变化，能保证教学环境随时满足实际的需求。

4. 项目（任务）设计

项目可以划分为几个任务，对任务的设计要遵循"教学同步，做赛一体"的原则。任务设计包括任务概述、工作任务、工作内容、赛场点兵等。任务概述主要说明工作目标、工作环境、所需要的工具与资料、最终的工作成果等。工作任务主要说明任务内容、实训场地情况、该任务的评分规则。工作内容主要说明教师在工作过程中的安排以及学生应该要做的工作，并将主要步骤列出。赛场点兵是让学生在小组间进行比赛。最后需要提交报告或者设计方案，并根据评分规则，按照方案设计实施。

例如，"仓储配送中心布局与管理"课程在五个综合项目下，又分别设计了一些任务。每个任务都代表了相关岗位所必须掌握的核心技能点。以仓储配送综合业务实训为例，此项目以结合储配方案设计大赛的指标考核点为核心任务，任务细分表见表 6-1。

表 6-1　任务细分表

项目	子项目	任务	说明
仓储配送业务综合实训	配送中心布局识读	解读现场布局	根据比赛现场，分析布局及识别现场设备
		绘制现场布局图	
	入库作业方案设计	制作物动量 ABC 分类表	能够体现出分类过程和分类结果
		绘制货物组托示意图	包括主视图、左视图、奇数层俯视图、偶数层俯视图
		绘制上架存储货位图	以托盘式货架的排为单位，将货位存储情况反映在存储示意图上，在相应货位上标注货物名称
		规划就地堆码存储区	按照收到的入库通知单上的货物信息完成存储所需货位数量或堆存所需占地面积及货垛长、宽、高（箱数）的规划

续表

项目	子项目	任务	说明
仓储配送业务综合实训	出库作业方案	分析订单有效性	收到客户订单后,应对订单的有效性进行判断,对确定的无效订单予以锁定,陈述理由,交由主管签字并标注日期
		分析客户优先权	当多个客户针对某一货物的要货量大于该货物库存量时,应对客户进行优先等级划分以确定各自的分配量,并阐明理由
		制作库存分配计划表	依据客户订单和划分后的客户优先等级顺序制作库存分配计划表,将相关库存依次在不同的客户间进行分配并显示库存余额
		制订拣选作业计划	拣选作业计划设计要规范、项目齐全,使拣选作业流畅;拣选单设计应能减少拣选次数、优化拣选路径、缩短拣选时间、提升效率
		绘制月台分配示意图	将月台在客户间进行分配,便于月台集货
		优化车辆调度与路线	根据所给数据利用节约法,完成车辆调度方案和路线优化设计
		策划配装配载方案	根据配送线路优化结果,绘制配送车辆积载图,以体现配送的先后顺序
	编制计划	制订作业计划	按照时间先后顺序将工作内容编制成作业计划,包括设备租赁情况及可能出现的问题预案
		制作预算表	统计作业过程可能发生的各种费用项目及相应的预算金额,以便与实际发生的费用比较,满足预算编制信息的内容

　　任务一般属于单个的核心技能点,在实施上比较简单,可以单独完成。但在完成的过程中,需要自主研究学习,通过制订方案计划来实施。

　　"学赛一体化"项目设计还包括企业实训项目的设计。在备战全国物流技能大赛的过程中,北京财贸职业学院教学团队和北京德利得物流有限公司合作,设计了企业实训项目和内容,培训效果显著。北京财贸职业学院学生培训项目方案见表6-2。

表 6-2　北京财贸职业学院学生培训项目方案

部门	阶段	培训项目
仓储部	第一阶段	学生接待；签署安全协议
		办公室、场地整理
		松下产品规格描述及组托培训（现场实操）
松下项目部		岗位主要工作内容及职责
		WMS 系统的功能及操作应用
		货物进出库流程及注意事项（现场实操）
李宁项目部		岗位主要工作内容及职责
		门店回货作业流程及注意事项（现场实操）
		扫描作业流程及注意事项（现场实操）
宝盛项目部		岗位主要工作内容及职责
		补货作业流程及注意事项（现场实操）
		扫描作业流程及注意事项（现场实操）
仓储部	第二阶段	企业项目运作架构及各环节管控点
		物流操作、装卸指导（设备使用、管理规定；包装、运输标志说明）
		库房管理工作重点
松下项目部		叉车、地牛规范应用（现场实操）
		货物组托；上、下架
		库房整理计划撰写
宝盛项目部		调拨作业流程及注意事项
		调拨作业整理及补货作业实施
		调拨作业（现场实操）
仓储部	第三阶段	企业与学校针对培训内容进行交流
		强化作业规范管理
		库房整理计划实施
仓储部	第四阶段	叉车、地牛规范应用（现场实操）
		货物组托，上、下架
		学生填写实习总结

续表

部门	阶段	培训项目
仓储部	第五阶段	总结
		填写学生评语
		综合打分

××仓储部，6 月 22 日

5. 考核评价

对项目的考核评价需要由教师、个人、组员、组间、企业专家等组成的考评小组进行。项目考核的指标较复杂，任务考核的人员指标和指标方面较简单，但二者都包含过程考核和结果考核。

针对校企合作进行的企业培训项目设计内容，还设计了对应的培训评分表，见表 6-3。

表 6-3　培训评分表

姓名		性别		年龄		
评分内容	所占比重 / %	评分标准				
		具体指标	优秀 100～90	较好 90～80	一般 80～70	较差 70～60	很差 60 以下
劳动纪律	50	人员出勤 30					
		实习纪律 20					
实际操作	50	服从指挥 10					
		踏实肯干 10					
		思维创新 10					
		合理建议 10					
		物流技能 10					
小计							
综合评语	级别标准	95～100	90～95	80～90	70～80	60～70	60 以下
实习学生自评意见							

续表

评委意见	庆*凯	
	郑*明	
	沈*华	
	张　*	
综合评语（企业总监）		

五、教学项目设计注意事项

教学项目的设计是一个创造性的过程，需要集合教学团队的集体智慧。"学赛一体化"课程教学项目的设计有以下五点需要注意。

（1）一个项目要具有一定的完整性，项目下的不同任务间要具有内在的联系性、连续性和递进性。同时，项目不要太大、太复杂，否则只会徒增操作的难度，导致无法顺利完成项目。无论是项目还是任务的设计都要以实现课程培养目标为原则。

（2）在整个项目的设计过程中，学生的主体地位不可动摇，这是"学赛一体化"课程的基本原则，失去了这个原则，就会重新回到传统的人才培养方式上。

（3）在项目教学过程中，项目下的任务是按照"教师教、学生学"的教学模式进行的，对项目的教学要注重学生小组研究性学习，以"做赛一体"为主线去实施。

（4）无论是项目还是任务，都需要配合相应的工作环境。环境的设计和设备的配置要体现合适、有效、够用的原则。越先进的实验室，人工参与的程度越低，学生动手做的机会反而会越少。

（5）"学赛一体化"课程的项目评价是多元的，对项目和任务评价不但要注重过程和结果，同时也要注意让学生、企业参与到考评中来，以提升教学效果和改进课程内容。

第二节　教学活动设计

一、教学活动设计原则

教学项目（任务）设计完成后，就要进行教学活动的设计，通过教学活动让学生掌握相应的业务技能，同时培养其职业素养。"学赛一体化"课程的教学项目（任务）在教学活动设计中需要遵循独立性、一致性和激励性的原则。

（1）独立性。教学项目（任务）是与岗位职责和岗位能力联系在一起的，代表了胜任该岗位所要具备的业务技能。教学项目（任务）间具有一定的联系，但各项目（任务）又是独立完整的，为了便于执行，可以独立设计教学活动。

（2）一致性。教学任务来源于企业典型的工作业务，教学过程的设计要考虑原有的操作流程，保持教学过程和企业实际工作程序同步，同时为了便于学生在活动中学习，掌握工作任务，教学活动的设计也要考虑到教与学的一致性，做与赛的一致性。

（3）激励性。考虑学生实际的水平和能力，教学活动的设计要鲜活且有特点，能增加学生的兴趣。在教学过程中，可以设计能激励或者刺激学生学习热情的环节，对学习过程进行过程考核，及时鼓励和鞭策学生。对学习结果进行成果考核，通过分数、情感等激励团队士气和自豪感。

二、教学活动设计类型

"学赛一体化"课程教学活动可以以个体、小组、岗位等形式来进行设计。

1. 个体设计类型

"学赛一体化"课程的教学任务绝大多数是以小组形式来设计的，但也有一部分任务需要依靠个体自主学习。此类型的操作方法是教师设置情景，布置任务；学生个体进行自主研究性学习；学生展示交流成果。该类型适合一些较简单的任务。

例如，项目仓储配送综合业务实训中物动量 ABC 的计算任务，在做教学活动设计时，就可以以个体形式进行，由每个学生自己完成这项任务。细分的单个任务都可以按照个体来设计教学活动，以保证学生首先掌握较简单的业务技能。

2. 小组设计类型

大部分"学赛一体化"课程的教学项目（任务）都是综合性的，有一定的难度，需要分组完成。此类型的操作方法是教师设置情景，布置任务，明确任务目标；小组组长根据任务及个体熟练程度分配工作，落实职责；小组合作讨论完成方案设计；进行成果展示或者方案实施，讨论反思出现的问题。该类型是"学赛一体化"课程实训项目常采用的方法。

例如，项目仓储配送综合业务实训中入库方案的设计任务就需要采取这种方法设计教学活动。小组组长分配任务，然后进行小组讨论完成方案设计，最后检验方案设计效果，总结出现的问题。同样地，出库方案的设计也可以采取这种方法进行教学活动设计。

3. 岗位设计类型

"学赛一体化"课程的项目内容是基于岗位提炼的，可以采取基于岗位角色的方法设计教学活动。此类型的操作方法是教师首先设置情景，布置任务；小组成员选择不同的岗位角色，根据个体熟悉程度承担不同的工作任务；小组组长负责整个方案的组织与管理，组员协同完成方案设计、方案执行和成果展示，交流经验并解决出现的问题。此类型和基于小组设计的教学过程有一定的相似性。

例如，在备赛过程中通常采取这种教学活动设计方法。根据大赛角色的划分让不同学生承担不同的角色，组长根据日常训练中组员对任务的熟练程度，为每个角色分配不同的工作任务，以保证在最短的时间内，用最优的质量完成所承担的方案设计工作。在方案实施过程中组长要灵活分配工作，担当起岗位职责，组员间要配合默契，最终完成整个方案的设计和实施。在最终确定岗位前，组员间采取岗位轮训方法，保证各成员都熟悉整个方案的设计和执行。

仓储配送业务综合实训项目采用的是综合以上三种类型的教学活动设计方法。

三、教学活动设计内容

教学活动依据项目或者任务设计活动，目的是使学生掌握课程教学目标，内容包括活动目标、活动程序和活动评价。

（1）活动目标。教学项目或者任务设计完成后，需要对教学活动进行相应的设计，活动目标就是教学任务所要达到的目标。活动目标一般为通过教学活动，使学生获得新的知识和技能，促进其认知能力的发展，获得积极的情感体验。

（2）活动程序。教学活动设计可以包含多个子活动，并且教学活动要按照一定的程序执行，这样才可以保证整个活动有序进行。设计各子活动时要有一定的联系，让子活动之间存在递进的关系，以保证最后教学目标的实现。影响活动程序执行的因素如教学环境、教师能力和学生条件等都要考虑在内。常见的活动程序有传递接受、引导发现、示范模仿、情景教学等。对于认知知识可以采取传递接受的方法，对于需要手脑并用的实践技能的训练可以采取引导发现、示范模仿和情景教学的方法。

（3）活动评价。活动评价的目的是检验教学活动的结果是否实现了教学目标，这个结果可以是一个数据、一个报告等。活动评价的主体可以是教师、学生，也可以是企业专家。评价的对象可以是行为表现，也可以是活动成果等。活动评价要给出评分方法和评价结果。

"学赛一体化"课程的教学活动主要是以"教学同步，做赛一体"为逻辑进行教学设计，每个任务或者项目都设计了相应的活动程序和评价标准，使整个活动易于实施。

四、教学活动设计注意事项

（1）教学活动的主体要明确。在进行教学活动设计时必须要明确教学活动的主体是学生，教师起着指导的作用。

（2）考核措施要灵活。为了使不同程度的学生都能体验到学习的乐趣和成就感，获得发展，在设计活动评价时要尽可能确保考评指标灵活。

（3）内容和形式要统一。要想让教学活动设计方案取得良好的效果，就要在内容和形式上保持统一，正确处理二者关系。

（4）考虑安全问题。在高职现代物流管理专业的实训教学中，学生需要在实训室完成一些操作实训，要亲自操作很多设备，所以在实训教学活动设计时，安全和规范操作是先要考虑的事情。

第三节　教学评价设计

一、教学评价设计原则

教学评价设计是检验教师教学质量、实现课程教学目标、促进教学改革和提升教学水平的重要手段。教学评价设计要遵循目标性、整体性和发展性的原则。

（1）目标性。"学赛一体化"课程教学评价设计具有鲜明的目标性，包括教与学两个环节。教是针对教师教授的评价设计，评价教师教学质量；学是针对学生学习的评价设计，评价学生对教学内容的掌握情况。对教师的评价可以通过教师间的评价、专家评价、学生评价等形式进行；对学生学习的评价可以采取笔试、口试、成果展示、物流大赛等形式进行。教学评价主要是在教师和学生间进行的，在物流大赛或者技能展示环节有企业专家参与。

（2）整体性。对教师教学质量的评价主要依照教学水平、教学内容、教学方法、教学技术使用和教学效果等指标来进行设计；对学生学习效果的评价主要依照学习态度、创新能力、考勤情况和作业情况等指标来进行设计。以上这些指标又分别包含多个二级、三级指标等，同时对评价数据的分析也有定性分析方法、定量分析方法以及定性和定量结合的分析方法。所以需要从整体上把握各评价指标和其权重大小，使评价指标的设计利于职业素养的养成、教学目标的实现和学生职业能力的提升。

（3）发展性。随着人们对事物认识层次的不断加深，课程开发也是一个不断创新发展的过程。企业的市场环境、核心产品的变化，企业业务流程的更新等都会使教学内容发生相应的变化。同时，教师教学能力的提升、教学方法的更新、学生学习水平的提高、学校教学环境的优化等也会使教学评价发生变化。

二、教学评价类型

教学评价种类较多，例如定性评价和定量评价、过程评价和成果评价、绝对评价和相对评价、形成性评价和总结性评价等。定性评价是采取归纳、演绎、总结等方法对数据进行质的分析；定量评价是采取统计学的方法对数据进行量的分析。过程评价是对教学活动中学生的表现过程进行评价；成果评价是计划实施后的结果评价。绝对评价是以教学目标为基准，比较该群体的知识或能力与基准间的优劣；相对评价是以该群体平均水平作为基准，判断该群体中每一成员与此基准比较的相对优势。形成性评价是一个不断优化而最终实现最佳效果的评价方法；总结性评价是在教学过程结束后进行的全面、总体性评价。

"学赛一体化"课程的教学评价在设计时要根据教学内容、学生情况设计合适的评价指标，以实现课程教学目标。使用的教学评价方法有过程评价、结果评价、定性评价、总结性评价和形成性评价等。

三、教学评价设计内容

教学评价的内容是由教学目标决定的，而教学目标包括知识和技能、过程和方法、情感和价值观，所以教学评价设计内容要以此为依据。

对于知识方面，教学评价设计要侧重于理解和应用，对于技能方面，教学评价设计要侧重于方案的设计、设备的使用、小组间的沟通与交流等；对于过程和方法方法方面，教学评价设计要侧重于科学探究的过程设计，培养学生良好的学习方法、严谨的工作思路和创新的工作精神，不要过分倾向于对结果的考核；对于情感和价值观方面，教学评价设计要侧重于对学习态度的考核，例如评价学习动机，是否勇于创新，是否乐于与团队交流等。

"学赛一体化"的教学评价注重学生发展，其不但注重过程性评价指标的设计，而且对结果也进行了教学设计。应同时注重两者，而不仅仅是为了适应物流大赛的需要。另外，为了更好地促进教师教学质量的提升，在教学过程中应设计对教师的教学评价。

四、教学评价设计程序

教学评价设计程序可以分为三步：制订评价计划、实施评价计划和评价分析决策。

（1）制订评价计划。制订评价计划包括评价对象、评价目标、评价标准、评价指标、评价方法和建立评价小组等。评价对象可以是教师教学质量，可以是学生学习情况，也可以是教学环境等。评价目标是针对评价对象确定的，它是评价标准、评价指标和评价方法的基础。评价标准和评价指标是教学评价的核心内容，直接决定着评价的效果。评价方法要结合教学目标、教学对象，灵活、科学地选择方法。评价小组依据不同的内容，人员组成也不同。在"学赛一体化"课程中，对于教学任务的教学评价小组成员可以由任课教师、各组推选的评价代表共同组成，对于教学项目的评价小组成员可以由教师、各组推选的评价代表、企业专家、行业专家、其他教师和院领导等组成。

（2）实施评价计划。实施评价计划是教学评价设计的关键环节，包括数据搜集、数据处理和数据分析。数据搜集可以采取很多方法，如访谈法、问卷法、观察法和统计法等，搜集的数据要真实，具有时效性。数据处理的方法有定性归纳总结法和定量统计分析法等。数据分析是对处理的数据对照评价标准进行比对，目的是找出教学中的问题和原因，并对整个教学评价实施环节形成一份客观准确的总结报告。

（3）评价分析决策。评价分析决策是针对教学评价的结果进行分析，找出教学中不好的、需要提升的或必须要避免的做法，提出改进措施或建设性建议。

五、教学评价设计注意事项

（1）注重过程评价和结果评价。"学赛一体化"课程的教学是以学生为主体的自主研究性学习，重点是培养学生掌握知识、技能和形成素养的能力，并通过物流大赛来考核项目，所以教学评价的设计一方面涵盖了学生在整个教学过程中的表现，如积极性、沟通力、创新性和动手能力等，另一方面注重对学习结果的评价，二者所占比例相当。

（2）注重教学评价指标的选择。对学生的教学评价设计要重点关注其综合素质，评价要突出个性发展，体现尊重与爱护，注重学生提高能力的过程，所以评价指标的选择要多元，并从多角度去设计指标体系。

（3）注重对教学评价数据的分析。教学评价获得数据后，对评价数据要重点进行分析，并且着重进行定量分析，用数据去说话是高质量数据分析所必需的，所以在进行教学评价指标体系设计时要考虑这点。

第七章 "学赛一体化"课程校企合作研究

第一节 校企合作的原则

我国政府十分重视高职院校与企业进行合作，出台了许多政策，鼓励校企合作进行课程开发和创新人才培养。《国家中长期教育改革和发展规划纲要（2010－2020年）》中明确提出"实行工学结合、校企合作、顶岗实习的人才培养模式"，《北京市"十二五"时期教育改革和发展规划》（京教计〔2012〕1号）也明确提出"促进职业教育校企深度合作"和"校企合作共同开发专业课程"，《决胜全面建成小康社会 夺取新时代中国特色社会主义伟大胜利——在中国共产党第十九次全国代表大会上的报告》中也明确提出要"完善职业教育和培训体系，深化产教融合、校企合作"。建立培养高素质技能型人才的校企合作机制需要遵循互惠性、开放性、区域性和共享性的原则。

一、互惠性

校企合作的互惠原则，即彼此利益一致。学校为企业培养高素质技能型人才，提升教师教学能力，提高双师水平，改善实训环境质量，学校还可以为企业提供智力支持，承担企业员工培训和职业资格认证工作等。企业则通过校企合作可以获得合适的人才，参加学校组织的论坛与大赛或其他活动能够提升自身形象，扩大企业产品知名度。总的来说彼此互惠互利。

二、开放性

校企合作是一个不断发展的过程，对双方来说，校企合作的数量、内容都会随着区域经济、企业自身技术和业务以及市场环境等因素的变化而变化，也会根据实际需要增加一些新的内容，体现出开放性的原则。

三、区域性

我国的职业教育对人才的培养具有典型的区域性，无论是设置的专业，还是专业人才培养模式，或者是专业课程设置和课程内容开发都与本地区经济发展紧密结合。虽然目前很多高职院校增加了外地招生，但是校企合作仍是以本区域的企业为主，为区域经济发展服务的。

四、共享性

校企合作对开展高素质技能型人才培养，共同探讨人才培养模式，开展专业建设和课程开发，进行企业业务诊断，提供真实的实训场所等具有十分重要的作用，通过校企合作建设的成果，校企双方都拥有对应的权利和义务，具有鲜明的共享性。

第二节　校企合作的类型

近几年，随着我国经济的发展和市场环境的变化，高职教育取得了跨越式的发展，不但在数量和质量方面得到了大幅提升，校企合作也形成了一些常用模式，主要有工学结合、订单培养、共建公司、校办公司和职教集团五种类型。

一、工学结合

工学结合类型常出现在工科或者农科专业，但随着人们对事物规律认识的加深，目前财经类专业也出现了工学结合的校企合作模式。"工"可以指"工作"，教学过程就是工作过程，学生学习的过程就是"在工作中的研究性学习"，也是工作的过程。可以说，职业教育就是工学结合的教育。

二、订单培养

订单培养也是校企合作的一种类型，和"个性化培养""点餐培养""定制培养"等意思相近。它是学校根据企业人才需求的特点，校企合作共同制定教学内容，按照企业的文化特色、业务流程和管理制度等去培养人才，学生毕业后可选择到该企业工作。典型的案例是北京财贸职业学院与北京菜市口百货股份有限公司、7-11便利店、华西证券股份有限公司等合作建立的"菜百黄金营销""7-11店长""华西证券客户经理"等订单培养模式。

三、共建公司

校企合作的一个原则是互惠互利，共建公司模式深刻地体现了这一原则。企业将公司建在学校，利用学校特有的资源，完成生产和服务，学校利用共建的公司，将企业真实的工作环境建在校内，真正建立了工学结合的实训环境，在工作中培养学生的职业素养和业务技能。

四、校办公司

校办公司除了要具备一般公司的条件外，还需要具备其他条件。首先要有学院的支持，具有一定的运作资金；其次具有企业管理和实际运营经验的教师；最后必须做好学生的管理。目前，北京财贸职业学院工商系、金融系、旅游系等都成立了校办公司，现代物流管理专业也将成立校办公司。

五、职教集团

相较于其他模式，职教集团模式的参与方范围更大，包括政府、行业、企业和学校等。目前，在北京市政府、通州区政府、北京物流协会等的大力支持下，由北京财贸职业学院牵头，联合北京几十所职业院校，成立了由王成荣院长任董事长的北京商贸职教集团，这标志着北京市校企合作进入了一个新的发展阶段。

第三节　校企合作的内容

校企合作不但是人才培养的一种形式，也是彼此互惠互利的一种途径。校企合作的内容比较广，但校企合作总的方向和思路不变。在校企合作中，企业参与人才培养方案的设计与实施、提供实习场所、为教师提供实践机会、为学校提供兼职教师、为学校提供物流设备、签订和实施订单培养、委托学校进行职工培训、资助教育培训经费、与学校联合解决技术难题、设立奖学金、设立实训课堂等。

北京财贸职业学院十分重视校企合作，经初步统计，与现代物流管理专业合作的企业达两百多家，多家企业设立了奖学金、订单班，为北京市物流大赛捐助设备，与学校共同开发职业培训教材，而学院则为北京烟草物流中心提供培训、为北京一商集团有限责任公司进行物流方案规划等。

典型的校企合作案例如 2010 年北京财贸职业学院现代物流管理专业在备战全国职业技能大赛的过程中，与北京德利得物流有限公司合作，一起制定企业培训内容，企业专门提供现场设备、商品和场地，并配备经验丰富的叉车司机、仓库主管等 8 名相关人员，通过实际的验货、收货、出库、盘点等业务操作，培养了学生良好的职业素养。在实际的组托、地牛使用、地牛与叉车相互配合进行上架和下架等业务比赛中,该公司员工也给予了深度的配合,并分享了经验,为学生技能的提升和素养的养成打下坚实的基础。

第四节　校企合作的注意事项

一、企业积极性要高

鉴于当前我国职业教育发展的情况,特别是企业对高职教育未来发展认识的局限,校企合作仍然存在一些问题。职业院校方面的合作积极性十分高涨,迫切希望找到能深度合作的企业,提升自身的教育质量和教师的实践能力,为社会输送合格的高素质技能型人才;企业方面,部分企业由于认识不到校企合作的"效益",总觉得自己"亏本",某些企业领导有"自找麻烦,不愿意找事"的想法,这严重阻碍了校企合作的发展。所以在校企合作之初,学校要深度调研企业各方面的情况,动之以情,晓之以理,将企业的积极性调动起来。

二、注意动态发展

校企合作是一个动态发展的过程,内容和形式都会随着经济环境和市场需求的变化而变化。因为学校希望能与各方面都优秀的企业进行合作,所以要考虑企业的发展水平、市场地位和发展前景。而企业选择合作学校时,也会考虑到学校的社会声望、专业设置、教师的教学科研水平、社会综合服务的能力等。一旦建立了合作关系,校企双方要互通互惠,定期总结交流,建立战略合作关系,成为校企供应链关系上的利益共同体。

在经济新常态社会发展形势下,"产教融合、校企合作"已成为时代发展的必然趋势，而建立良性的校企合作需要政府、企业和学校三方的共同努力。政府应该加大政策性支持，出台完善的法律法规和优惠的税收政策，加大财政资金投入力度；企业应该积极与学校开展技术合作，为学生和教师提供完善的实践平台，为学校专业设置和课程改革提供重要的岗位信息；学校应该适时调整人才培养方案，为学生创造良好的发展机遇，搭建各种创新平台，切实促进产教融合。

第八章 "学赛一体化"课程开发保障制度建设研究

第一节 保障制度建设的内容

课程开发是影响高职教育质量最重要的内容，也是难度最大的环节。物流管理作为一种理论性与实践性很强的专业，要求毕业生具有较强的分析与解决问题的能力，还要有良好的职业素养，这些能力只有通过校企合作课程开发才可以实现，而建立相关制度对于保证课程顺利开发具有十分重要的意义。总体上说，课程开发保障制度建设包括制定相关政策和建立评价标准两个方面。

一、制定相关政策

从宏观层面上看，国家出台了很多课程开发的指导性政策，给予了很大的资金支持。《教育部关于全面提高高等职业教育教学质量的若干意见》（教高〔2006〕16 号）明确指出"高等职业院校要积极与行业企业合作开发课程""建立突出职业能力培养的课程标准"。《北京"十二五"时期教育改革和发展规划》（京教计〔2021〕1 号）中也明确提出"继续实施职业教育课程体系改革。构建有利于提高学生学习能力和就业选择的职业教育课程体系，校企合作共同开发专业课程"等。这些政策的出台，指明了课程开发的方向，也是"学赛一体化"课程开发建设的重要政策保障。职业院校在进行课程开发的过程中，应该以此为标准，并结合自身实际、考虑教师的水平以及学校的资金能力等制定相关政策。

二、建立评价标准

评价标准在课程开发过程中起着激励导向和质量保障的作用。目前，我国主要依据国家精品课程评价标准来进行考评，市级精品课程标准或者学院级精品课程标准都是在此基础上设计的。课程评价标准要重点关注评价对象、评价主体、评价内容和评价方法等。

北京财贸职业学院一直以来十分重视课程开发和精品课程的建设，特别是在国家示范校建设的过程中，建立了科学的管理制度和激励机制，并制定了一系列的支持政策，主要有如下几个方面。

1. 加大经费投入

在国家示范校建设的过程中，现代物流管理专业在课程建设方面投入 300 多万元，学院为国家级精品课程提供 1∶1 的配套资金。资金用于课程教学大纲、教材、教学案例等教学资源的开发，实践教学软件的开发与引进，教学课件、网络课程资源的建设与维护等。课程负责人负责资金的管理，教务处负责检查，财务处负责核销与监督，主管院长负责审批。

2. 建立管理机制

学院制定了《精品课程建设规划》《精品课程建设实施办法》和《精品课程项目管理办法》等配套文件，管理课程开发的全过程并进行绩效考核，确保了课程建设质量。

3. 加强教改支持

学院采取积极鼓励的政策，支持教师的教学改革。对于优秀的学院级教改立项，学院单独拨付资金进行资助；对于获得北京市级和国家级的教改立项，学院重点资助；学院为参加市级、国家级精品课程建设的主讲教师推荐北京市或国家有关教改项目，并提供配套的支持措施。

4. 提供技术支持

学院为课程网络教学资源的建设和安全维护提供技术支持，加强软件和硬件建设。聘请专业的网络公司负责学院网站的维护工作，并分派专人负责课程网站管理和网络技术维护。

第二节　保障制度建设的注意事项

一、学院领导是核心

高等职业院校党政领导班子需要树立科学的人才观和质量观，把学校的发展重心放到内涵建设和教学质量上来，确保教学工作的中心地位。为此课程开发需要得到学院领导的积极认可，认识到课程开发的重要性，以充分保障课程开发顺利进行。

二、教师是根本

课程开发是一项艰苦卓绝的创新性工作，依赖于职业院校的专职教师去调研、访谈、写报告、学习、组织专家沟通交流等，所以要充分考虑到教师的作用，制定一系列的激励措施来奖励教师的辛苦付出和智慧的结晶。

三、评价是保证

评价制度是衡量课程开发质量的标尺。评价的标准以学生自主研究性学习为核心，按照"教、学、做、赛"为一体的课程开发思路来进行评价。当然，评价制度包含的内容还很多，需要全面考虑各种因素。

第九章　我国职业院校技能大赛的发展与思考

第一节　大赛发展

　　"学赛一体化"课程体系的开发是以"教学一体，做赛同步"为主线进行的，其中通过物流大赛进行课程考核评价是"学赛一体化"课程评价的创新形式，该形式重视对过程和结果的考核，其目的是提高学生的职业素养和综合能力，从而使学生有机会参加全国物流大赛，这也是检验课程开发成果的最好的方式。

　　全国职业院校技能大赛（简称"大赛"或"技能大赛"）是由中华人民共和国教育部发起，联合相关部门、行业和地方共同举办的一项全国性职业院校学生技能竞赛活动。大赛作为我国职业教育工作的一项重大制度设计与创新，深化了职业教育教学改革，推动了产教融合、校企合作，促进了人才培养和产业发展，扩大了职业教育的国际交流范围，增强了职业教育的影响力和吸引力，已经成为广大师生展示风采、追梦圆梦的广阔舞台，成为促进我国职业教育改革发展的重要抓手，具有引领职业院校高水平教学的作用。

　　全国职业院校技能大赛省赛高职组"物流作业方案设计与实施"赛项到 2019 年已成功举办八届，涉及全国 32 个参赛省，参赛队伍数累计达 3651 队，且 2009－2019 年参赛队伍已由 221 队增加到了 752 队，增长率达 240%，参赛院校截至 2019 年 4 月已累计达到 843 所，占全国开设物流专业院校数量的 78.78%。参加大赛队伍人数变化如图 9-1 所示。大赛主要以物流作业为背景，通过竞赛检验物流人才培养体系，创新物流人才培养模式，引导现代物流管理专业的教育教学改革，同时吸引企业参与，促进校企深度融合，提高高职教育的社会认可度，提升培养专业人才的市场匹配度。大赛能培养学生的职业技能、职业精神，展示参赛选手在组织管理、专业团队协作、现场问题的分析与处理、工作效率、质量与成本控制、安全及文明生产等方面的职业素养。

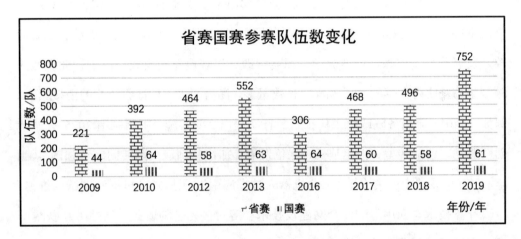

图 9-1　参加大赛队伍数变化

2019 年全国职业院校职业技能大赛在天津主赛区和北京等 21 个分赛区分别举行，共有 87 个赛项，直接参与企业近百家，参赛学生 1.7 万余人。大赛按照"精彩、专业、安全、廉洁"的办赛原则，持续深化以赛促教学、以赛促合作、以赛促环境的理念。赛项设计突出对接，涉及信息技术、智能制造、新能源等新产业、新业态的赛项有 35 项，占全部赛项的 40%；在竞赛中引入企业新技术、新设备、新工艺，使师生直接感知产业发展需求和趋势，促使学校教育与行业企业发展同步前行。大赛成果突出转化，通过资源转化的效果评价及激励，及时将大赛成果转化为职业教育的教学资源，实现大赛对教学改革和专业建设的促进作用。

第二节 大赛的新特点、新变化

一、企业深度参与，产教融合特色突出

全国职业院校技能大赛从最早的教育部门 1 家 1 地举办，到 2019 年有 35 个单位主办、1 个主赛区和 21 个分赛区共同承办的规模；从最早为赛而练、应赛而教，发展到以赛促教、以赛促学、以赛促改、以赛促建的模式。由于行业企业的深度参与，使得大赛的赛项涉及项目数量多，涵盖面大，与行业企业的衔接紧密。例如，《2015 年国务院政府工作报告》首次提出"要实施'中国制造 2025'，坚持创新驱动、智能转型、强化基础、绿色发展，加快从制造大国转向制造强国"。当年，在赛项设置上就突出了"工业机器人技术应用""飞机发动机拆装调试与维修""云计算技术与应用""4G 全网建设技术"等对接先进制造业、紧贴"互联网+"新业态发展等行业发展的赛项。

行业企业的深度参与，使得行业发展与专业技术技能型人才培养相互促进发展。通过大赛，院校准确把握产业、行业对人才的需求，带动了相关专业人才的培养，支撑了对应产业的发展，实现了产教共赢。以大赛为依托，众多企业主动与院校合作，将企业标准、企业文化引入赛项，引入专业教学改革，实现了大赛成果的转化，有力推动了学校教育教学改革。

大赛培训可以说是整个工作的重心与核心，以北京财贸职业学院为例，学院成立教学团队，进行校企联合培训。根据比赛内容，在学院的直接指导下，教学团队认真研究考核指标，完成了大赛教学设计方案。如在 6 队培训时，按项目教学法，以真实工作任务为载体，将考核指标细分为多个工作任务，每个工作任务包含具体上课时间、主要工作内容、采取的教学方法、使用的教学环境、取得的

学习成果、应用的评价方法与培训的教学团队；在 4 队培训时，针对国赛的规则，重新制定培训内容，按照岗位制订新的培训方案。每个岗位熟悉自身的岗位职责，掌握相应的工作任务，设计相应的考核标准。根据三个角色对应不同岗位的考核标准，选出每个队员最适合的岗位。

北京财贸职业学院还与北京德利得物流有限公司联合制定企业培训内容，针对性地训练学生"准职业人"的工作态度、工作方法和工作标准，严格按照企业员工的评价标准去规范业务技能和设备使用方法，并根据大赛要求，在现场营造真实的大赛环境。在企业专家的大力帮助下，经过近一个月的艰苦训练，学生的动手能力、合作能力、解决问题的能力得到了大幅提高。

技能大赛是一个综合的竞技舞台，要求参赛选手能力强、知识面广、综合职业素质高。北京财贸职业学院还聘请了专业教师针对学生的沟通能力、礼仪规范、计算机知识等方面进行了的培训，也取得了良好的效果。

二、培养综合能力，提升教学管理水平

为了保证物流大赛各项工作的顺利进行，作为北京市物流大赛主办方，北京财贸职业学院制定了大赛管理制度，成立了含院长、副院长和系主任在内的领导小组，设立了培训组、技术组、评判组、学生组、秘书组、行政组和环境组共七个组。每组有专门的负责人和工作内容，如培训组负责培训内容的开发和参赛选手的选拔；技术组负责局域网的组建与运行、计算机设备与软件的安装调试、试听系统的安装与运行和赛事活动网站的建设与运行；学生组负责学生的思想教育、大赛文化教育，培养学生的苦练作风、大局观念、团队精神、纪律观念，展示财贸大学生的精神风貌等。按照时间进度，大赛工作划分为 6 队选拔阶段、4 队选拔阶段、训练及表演阶段和比赛阶段。每个阶段由不同的工作组负责完成不同的工作任务。同时各工作组每天召开碰头会，每天编写工作日报并交秘书处汇总发布。

为了让更多的学生参与到大赛中来，学院灵活改变教学安排，要求专业教师发扬创新精神，将实训课程内容与大赛紧密结合。教师设计了叉车的使用、货物的堆码等新的实训内容。物流大赛这个大课堂既对学生进行了职业素养教育，又训练了他们的业务技能。另外，学生组充分发挥学生党员和入党积极分子的模范带头作用，对学生进行多次培训和指导，让他们精神饱满、态度积极，在大赛服务中以实际行动践行了学院"爱心、诚信、严谨、责任和创新"的财贸精神。

三、形成学赛一体，引导物流发展新境界

技能大赛具有促进人才培养模式的改革，促进学生综合职业能力的提升，促进课程体系建设与教学能力的提升，促进实训基地建设与校企合作等十分重要的作用。

1. 促进人才培养模式的改革

目前职业院校人才培养模式适应市场的能力还不强，仍需创新。具体而言，职业院校人才培养模式的不足之处主要如下：在教学上，片面强调学科知识的系统性、完整性，忽视职业和岗位的能力需求；在专业设置上，专业趋同现象严重，千校一面的现象较普遍，部分职业院校尚未形成自己的特色和专业品牌；在课程设置和教学内容上，循规蹈矩，根据市场需求变化及时调整的应对机制还未形成，许多新技术、新方法、新工艺和新标准没有及时进入课堂，进而导致毕业生的就业竞争力不强；在人才培养的途径上，部分职业院校仍然存在自我封闭、与生产实际脱节的现象。面对这些问题，开展技能大赛是推进人才培养模式改革的一条有效途径，校企合作、产学研结合的人才培养途径还需要大力推进。

技能大赛能够有效引导职业院校优化专业布局，明确专业定位，调整专业的发展方向；能够发现实训中的新问题，调整课程结构，积极开发实训课程指导教材，深化课程改革；能够有效促进广大教师改革教学方法，探索以学生职业素养和综合能力培养为主线，以强化技能训练为目标的教学形式。

高职院校通过举办职业技能大赛，逐步实现常规化、规范化、制度化、优质化教学，形成"以赛促训，以赛代训"的局面，可以有效推进教育教学改革和提升办学质量。

2. 促进学生综合职业能力的提升

综合职业能力是指从事职业活动应具备的一般专业能力及相应的社会工作能力，它要求劳动者能独立思考、独立工作、勇于承担社会责任、善于进行交流合作，能积极应对职业活动的变化，不断更新职业知识和技能。技能大赛作为提升综合职业能力的途径，既强调了能力目标，又兼顾了能力培养的过程和环境因素的影响，体现了职业能力培养的综合性和层次性。

技能大赛结合岗位工作过程与要求对学生进行技能训练和能力培养，让学生在现实职业岗位环境中进行训练，激发了学生的自信心和荣誉感，培养了学生的创新意识和创业能力，同时也逐步培养了学生的综合职业能力。可以说技能大赛是一种导向、一种激励，在引领学生成长、促进学生进步，在使学生成为一个具有健康人格、良好职业素养和综合职业能力的合格人才方面发挥了重要作用。

3. 促进课程体系建设与教学能力的提升

技能大赛作为教学改革的新思路，其要求在课程体系开发和教学内容设计时，要果断摒弃旧的内容，大胆引入新技术、新工艺、新方法和新内容。理论教学体系应以"必需、够用"为度，根据职业岗位的需要去精选专业理论知识。职业岗位需要什么，就讲什么；需要多少，就讲多少，并以实用为度，从而突出实践性。

在教学方法上，教师要转变教育观念，改革教学方法，在教学设计中突出学生的主体地位。针对不同的课程，应采用适合的教学方法，如引入项目教学法、任务驱动法等，充分提高学生认识问题和解决问题的能力。同时，专业教师也应通过多种形式提高自身的教学水平。还可以引进企业专家，或聘请一些有实践经验的业务能手到学校兼职任教。由此可见，职业技能竞赛对课程体系的改革和教师教学水平的提高具有明显的促进作用。

4. 促进实训基地建设与校企合作

以北京财贸职业学院为例，学院按照大赛要求，建立了专门的实训场所，配备了专用的软件和硬件，为选手正常训练和参加比赛提供保障。同时，大赛还得到了北京顺鑫绿色物流有限公司和北京德利得物流有限公司等企业的大力帮助。特别是北京德利得物流有限公司，不但提供企业实训场所，还提供了商品和物流设备。在企业现场的模拟训练中，公司的师傅们不怕苦、不怕累，从上班开始起一直对学生进行指导，无私奉献，尽其所能，知无不言，言无不尽。他们对在赛场上与叉车师傅进行沟通的方法、实操过程中应该注意的事项进行了详细的指导。在现场训练中，师傅们还将企业现场管理的"5S"标准［整理（Seiri）、整顿（Seiton）、清扫（Seiso）、清洁（Seiketsu）、素养（Shitsuke）］融入日常的训练中，让学生在每天的工作中，严格按照标准作业程序操作，培养良好的行为习惯。此次大赛改革了校企合作的新途径，创新了合作的新思路，充分体现了"工学结合、校企合作"的人才培养模式的优点。

总之，技能大赛对物流职业教育发展的影响是深远的。通过大赛，提升了学生的职业素质、综合能力，创新了教师的教学内容、教学方法、考核评价、教学环境，也对教师职业能力的综合性提出新的要求。同时，技能大赛对深入校企合作，提升企业影响力，服务区域经济，最终实现共赢发展具有重要的意义。

第三节　未来开展职业技能大赛的思考

一、国家层面

政策上侧重于引导职业教育发展的方向，趋向于建立一个宽松的环境，利用全国的教学资源，吸引更多的行业、企业、学校、教师、学生参与到大赛中来，营造一种大赛促教学，大赛促改革，大赛促校企合作，大赛扩大职业教育影响力的发展氛围。在国家、学校、企业三者的关系上，国家搭建平台是发展环境和发展政策的主体，学校、企业是平台表演的主角，同时，部分企业还是设备、资金、技术的赞助方和新技术的销售方。另外，国家政策上应该站在结合区域特色和历史文化传承的角度上，增加有关我国传统手艺项目的比赛内容，以保护和传承我国传统文化。

二、学院层面

学院通过大赛平台，引导专业教学改革和教学模式的创新，特别是以大赛促进教师教学技能、教学方式、教学内容和考核方式的改革，以及深入企业，建立校企合作和校企实训资源的共享利用机制。同时，建立学校、市、省、国家这样梯度的教师技能大赛体制。

三、企业层面

企业通过大赛平台主动与学校建立战略合作关系，合办订单班，发挥各自的核心能力，实现资源互补，建立学校、班级、课堂在企业，企业培训教室在学校的良性互动机制。同时积极深入职业教育改革，从教学内容、实训条件、技能提升、职业素养等方面与学校深入合作。

四、国际层面

由于我国经济的发展和市场的变化，特别是国家对职业教育的支持与重视，我国的职业教育必定要走国际化的道路，必定会在世界技能大赛的平台上展示我国职业教育水平。为此，一方面我们应该熟悉国际比赛规则，研究国际比赛项目，按照世界大赛的规则改革教学与培训。另一方面，我们自身还要保留传统的特色赛项，通过自身的影响力使其成为世界大赛项目。

第十章　储配业务综合实训项目设计

"学赛一体化"课程体系的开发是一个系统的工程，涉及的内容较多，对于不同的内容采取的方法也不尽相同，但主线都基本一致。下面结合"仓储配送中心布局与管理"课程中项目三和项目四的内容，同时参考全国物流职业技能大赛的内容来阐述如何开发能体现"教学同步、做赛一体"思想的教学项目（任务）。

第一节　教学项目整体设计

一、项目内容设计

本项目设计包括教学项目、工作任务、教学目标和课时安排四个部分。教学项目由配送中心布局识读、入库作业方案设计、出库作业方案设计和储配综合业务实训组成。配送中心布局识读主要是解读和绘制现场布局概况，熟悉区域布局分配和各区域功能定位，并能识读物流设备名称与功能。入库作业方案设计包括货物 ABC 分类计算、货物组托图绘制、上架存储货位图绘制、就地堆码存储区规划和编制托盘条码等，通过训练，掌握各任务的处理方法，并能进行入库方案设计。出库作业方案设计的工作任务有客户优先权分析、订单有效性分析、库存分配计划表、制订拣选作业方案、月台分配示意图绘制、车辆调度与路线优化和配装配载方案制作。储配综合业务实训是训练学生叉车地牛使用技能、出/入库方案设计与实施和储配方案设计与实施。以上任务的设计与安排是按照仓库主管岗位任职要求来进行设计的。教学项目设计见表 10-1。

表 10-1　教学项目设计

教学项目	工作任务	教学目标	课时安排
项目 1：配送中心布局识读	1. 解读现场布局 2. 绘制现场布局图	1. 会解释现场区域组成和功能 2. 具有测量和绘制布局图的能力	4
项目 2：入库作业方案设计	1. 计算物动量 2. 货物组托示意图绘制 3. 上架存储货位图绘制 4. 就地堆码存储区规划 5. 托盘条码编制	1. 会 ABC 分类计算 2. 会制定组托图 3. 会绘制上架存储货位图 4. 会规划就地堆码存储区	16
项目 3：出库作业方案设计	1. 客户优先权分析 2. 订单有效性分析 3. 库存分配计划表 4. 制订拣选作业方案 5. 月台分配示意图绘制 6. 车辆调度与路线优化 7. 配装配载方案制作	1. 会客户优先权分析 2. 会订单有效性分析 3. 会制订库存分配计划表 4. 会制订拣选作业计划 5. 会绘制月台分配示意图 6. 会车辆调度与路线优化 7. 会制订配装配载方案	20
项目 4：储配综合业务实训	1. 叉车地牛实训 2. 入库业务实训 3. 出库业务实训 4. 综合业务实训	1. 会地牛叉车的操作 2. 会入库方案设计与实施 3. 会出库方案设计与实施 4. 会储配方案设计与实施	24
教学资源	李作聚. 高职物流职业技能大赛解析与实操[M]. 北京：中国水利水电出版社，2019.		

二、教学活动整体设计思路

开展教学活动的目的是使学生熟练掌握教学任务，学会自主研究性学习，培养良好的职业素养和组员间的团队协作能力。为实现此目标，项目设计思路首先以个体为单位，掌握各教学任务，学会自主研究性学习的方法；其次将岗位类型作为教学载体,依据各岗位的职责,由组员分别充当不同岗位角色,以此训练并掌握各岗位的工作内容,选出匹配的岗位;最后,根据最终的角色强化训练,参加比赛,通过大赛检验综合能力。在教学综合实训过程中,北京财贸职业学院与企业联合,按照大赛的要求,配置真实的大赛环境,设计有针对性的培训计划和考核内容。

第二节　教学活动设计

一、以教学任务设计

按照教学项目设计表 10-1 中的工作任务设计具体的活动内容。每组选手同时练习,通过不同的考核方式,找出完成每项任务的最佳人选,为按照岗位分配任务打下基础。具体教学活动设计一般要包含日期、时间、主要内容、教学方法、教学环境、学习成果、成果评分和教学团队等内容。如货物组托教学设计见表 10-2。

表 10-2　货物组托教学设计

日期	时间	主要内容	教学方法	教学环境	学习成果	成果评分	教学团队
4月13日	8:00－12:00	1. 托盘认知 2. 码盘方式 3. 码盘注意要点 4. 组托图的绘制	讨论法 引导法 探究法	实训室	码盘商品图的绘制		
4月13日	课后	课后作业:撰写货位优化方案					

该任务的考核评价标准见表 10-3。

表 10-3　考核评价标准

考核内容	考核指标	考核标准
货物码放方式	1．时间 2．正确率	1．完成时间：1 分钟内 2．按照不同规格码放选择
货物码放数量	1．时间 2．正确率	1．完成时间：2 分钟内 2．码放数量结果正确
货物码放层数	1．时间 2．正确率	1．完成时间：2 分钟内 2．层数结果正确，考虑货架尺寸
货物视图	1．时间 2．视图数量 3．正确率 4．视图质量	1．完成时间：25 分钟内 2．4 个视图数量 3．视图画法正确 4．视图美观，实用

二、以岗位分工设计

主管岗位角色在整个项目设计与实施过程中处于核心地位，起到上传下达的作用。主管负责任务分工、整体方案的设计、具体工作安排以及与外界的交流等。非主管岗位角色如库管员或者分拣员等则需要按照主管的指令和安排去完成相应的任务，并与其他成员配合，集体协作完成整个工作任务。主管岗位和非主管岗位角色主要的职责和具体工作任务不同，主要内容示例如下。

1. 岗位职责

主管人员要在规定的时间内与其他组内成员一起完成方案的设计与实施。工作职责如下：

（1）组织团队成员解读任务需求。

（2）依据团队人员的特点分配相应的任务，并要求在规定时间内完成，达到合理调配人力的目的。

（3）依据效果第一、效率为本的原则协调各团队人员之间的任务。

（4）及时处理和解决团队成员提出的问题，并给出明确的处理方法。

（5）建立应急方案，对意外出现的问题能及时、冷静、果断地处理。

（6）对其他岗位的工作内容进行指导。

（7）及时了解团队成员心态变化，增强团队凝聚力，维护团队形象。

（8）建立主管负责制，负责方案设计与实施。

（9）协助其他成员完成具体工作任务。

（10）监督团队成员的着装、礼仪，要求精神饱满、举止文明。

非主管人员要接受主管的任务分配并及时完成。其工作职责如下：

（1）对主管负责，接受主管指示和任务安排，并帮助主管解决一些工作问题，提高工作效率。

（2）对任务实施过程中出现的问题，及时向主管报告。

（3）负责大赛现场的安全卫生工作。

（4）负责大赛设施与设备的操作使用，并严格遵守操作规程。

2．具体工作内容

（1）主管岗位。主管岗位的工作内容是人员分工安排、入库方案设计、订单分析方案设计、编制计划与外包、执行入库作业和执行出库作业。主管工作任务如图 10-1 所示。

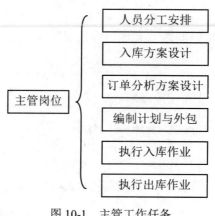

图 10-1　主管工作任务

（2）非主管岗位一。非主管岗位一的任务是订单有效性分析、绘制月台码放图、拣选单制定、制订货物分配计划表、执行入库作业、执行出库作业。非主管岗位一的工作任务如图 10-2 所示。

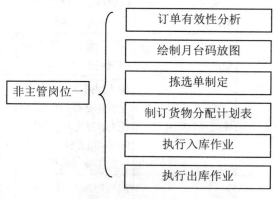

图 10-2　非主管岗位一的工作任务

（3）非主管岗位二。非主管岗位二的工作任务是货物组托图绘制，绘制货位分配、货位存储图，物动量 ABC 计算，执行入库作业，执行出库作业。非主管岗位二的工作任务如图 10-3 所示。

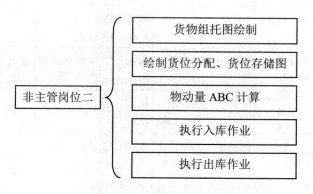

图 10-3　非主管岗位二的工作任务

下面以主管岗位为例，阐述具体的岗位教学活动设计。主管岗位的工作内容见表 10-4。

表 10-4 主管岗位的工作内容

时段	任务	工作标准	考核要求	备注
8:00—8:30	人员分工安排	形成岗位分工图	分工明确，内容完整	将各岗位的工作时段划分清楚
8:30—9:00	入库方案设计	形成入库方案的框架结构	内容框架完整、格式正确、制图美观	
9:00—9:30	订单拣选方案	形成拣选方案的框架结构	内容完整、格式正确、制图美观	
9:30—10:10	外包委托书	完成外包委托书	格式规范，内容齐全，主要包括委托事项、受托人、委托人、委托时间等，留存空白项，以便发生委托时填写	
10:10—10:50	编制作业计划	完成作业计划书	按照时间先后顺序将工作内容编制成作业计划，包括设备租赁情况及可能出现的问题预案	
10:50—11:20	编制预算	完成方案预算表	包括作业过程可能发生的各种费用项目及相应的预算金额	
11:20—12:00	排版、修改、打印方案	完成方案设计	内容与格式齐全，电子与打印版齐全	
2:00—2:10	接收任务及资料、信息处理	检查资料的完整性，明确任务及分工	根据任务和作业计划表进行分工	方案实施严格按照设计执行
2:10—3:00	执行入库作业	依据相应的单据，调度人员完成入库	按照作业计划表顺序执行	
3:00—3:50	执行出库作业	依据相应的单据，调度人员完成出库	按照作业计划表顺序执行	
3:50—4:00	现场管理、提交资料，完成任务	完成所有任务及现场管理	按标准规范结束	设计规范用语

主管岗位负责整个方案的设计与实施，在整个过程中其居于控制核心地位。

与主管岗位具体内容对应的主管岗位考核指标见表 10-5。

表 10-5　主管岗位的考核指标

任务	考核指标	考核标准
分工安排	1. 分工时间 2. 岗位职责内容 3. 封皮	1. 完成时间：30 分钟内 2. 各岗位工作内容清楚、工作职责明确 3. 封皮设计美观大方
入库方案设计	1. 时间 2. 内容格式	1. 完成时间：30 分钟内 2. 内容框架完整、格式正确
订单分析方案设计	1. 时间 2. 内容格式	1. 完成时间：30 分钟内 2. 内容框架完整、格式正确
编制计划与外包	1. 时间 2. 内容格式	1. 完成时间：2 小时内 2. 内容框架完整、格式正确
方案修改、打印	1. 时间 2. 内容 3. 排版	1. 完成时间：40 分钟内 2. 内容完整、无语法错误 3. 排版美观大方
接收任务资料	1. 时间 2. 内容	1. 10 分钟内 2. 任务明确，资料齐全，分工明确
执行入库作业	1. 时间 2. 内容	1. 20 分钟内 2. 严格按照作业计划表执行
执行出库作业	1. 时间 2. 内容	1. 25 分钟内 2. 严格按照作业计划表执行
现场管理、提交资料，完成任务	1. 时间 2. 内容	1. 5 分钟内 2. 打扫现场卫生，货物归位，提示完成

三、企业培训方案

校企合作制订培训方案是"学赛一体化"课程开发的一个重要特点。培训方案结合企业实际情况和场地，依据大赛要求和不同项目内容培训学生对企业岗位、企业操作规范、企业安全规章制度的认知以及有爱心、讲诚信、负责任、求严谨、重创新的职业素养等。在培训过程中，严格执行企业的管理制度，按照正式员工的要求，承担相应的责任，履行相应的义务。在完成相应的培训计划的基础上，结合比赛项目要求，与企业师傅、企业专家一起现场模拟比赛，找出操作细节上存在的每一个问题，总结操作中的经验。北京财贸职业学校与北京德利得物流有限公司联合制订的北京财贸职业学院学生培训项目方案和培训评分表见表 6-2、表 6-3。

第三节　教学方法设计与教学环境

一、教学方法

教学方法是教学设计的重点内容，好的教学方法可以取得事半功倍的效果，能调动学生的学习积极性和参与性，训练他们在"做中学、干中学"，培养他们的社会沟通能力。"学赛一体化"课程体系包含相关的知识和操作技能。不同的内容可以采取不同的教学方法，下面介绍一些方法，供大家借鉴使用，其他方法见附件 C。

1. 滚雪球法（成长小组）

此方法是使受训练者就一个主题交流意见，了解该主题不同的观点，通过倾听、让步来实现共同认可的结果。规则是 2 个人对给定的主题进行合作、讨论并相互适应达成观点一致，并继续发展主题。2 人小组彼此结合组成 4 人小组讨论已经取得的观点并达成一致，并继续发展主题。接着 4 人小组彼此结合成 8 人小组，8 人小组结合组成 16 人小组……最后达成一致的观点。

2. 接球游戏法

此教学法是让受训练者明白当面对多个目标时，要保持清醒的头脑。规则是 5 个人（也可以 10 个，不定）围成一圈传球，只能朝一个方向传给身边的人。然后再试验传递 2 个球、3 个球等。

3. 伙伴合作法

此教学法是让 2 个受训练者组成伙伴关系，共同解决一个问题，学会合作，共同承担工作的责任。规则是每对伙伴接受一个任务后，共同讨论任务、制订方案并由一个人向全体汇报展示结果。

4. 小组拼图法

此教学方法是让受训练者提高社会能力和对小组的自我贡献度。当组员较多，且由于工作任务涉及的信息量大，将工作任务分成几个学习内容时易使用此法。规则是依据细分的学习内容数分成基础小组，组员熟悉该部分任务内容和常见问题。然后内容相同的成员组成专家小组，讨论任务，解释问题，找出内容核心。然后回到各自的基础小组，相互交流各自的学习内容，并解答相关问题。

二、教学环境

教学环境包括校内机房实训教室、校内大赛实训室和校外企业工作现场。校内机房用于完成方案的设计，校内大赛实训室用于完成方案的实施，校外企业实训现场用于完成职业素养和综合职业能力的训练。

第四节 教学评价设计

项目考核采取技能大赛、能力展示、方案设计、知识竞赛等形式，教师自评、小组自评和小组互评相结合的过程考核方法与结果考核方法。每个项目最后都有一个对该项目的评价，此评价是评价整个项目内容的掌握情况和教师教学组织和管理情况。此部分内容不再单独列出。考核内容与等级标准见表4-8，考试时间标准见表4-9。

在大赛环节，需要 WMS 物流仓储软件的支持。考虑到教学软件功能的相近性，所以在方案的实施阶段，学生可以结合自己学校的实际情况，按照设计的主要任务，借助于学校的实际条件完成方案实施。所以本书重点是完成对教学项目和任务的设计，涉及的软件系统不再过多介绍。

附录 A　企业调研步骤

物流企业是专门提供社会化物流服务的企业，具有专门的设施、设备和技术人员，可以通过自身的管理和业务运作为客户服务。物流企业与企业物流不同，前者是专门的企业化运作主体，有法人资格，后者只是隶属于生产企业，是企业的一个部门。第三方物流企业是物流企业的一种类型。

物流企业的核心价值是为客户服务，通过自身的专业化运作为消费者降低成本，所以物流企业的仓储配送中心要以此目标定位。具体来说，可以通过企业调研来建立对物流企业仓储配送中心的认知。

企业调研工作共分为四步：确定调研目标、制定调查问卷、调研过程实施、汇总分析问卷，具体如图 A-1 所示。

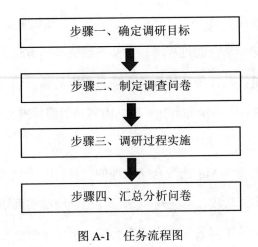

图 A-1　任务流程图

一、确定调研目标

仓储配送中心是物流企业或者生产企业主要的设施之一，绝大部分的业务运作、数据流转都是通过此平台来实现的，所以了解物流企业仓储配送中心的整体状况，对把握企业管理水平和在整个行业的地位具有十分重要的意义。

为了更清楚地了解物流企业的仓储配送中心情况，需要细化调研目标。此目标大致分为两个方面，一是调查企业的选择问题，二是企业调研的内容问题。

1. 调查企业的选择

调查企业的选择是实施此项任务的首要工作，企业选择的好坏或者选择是否合适直接影响着随后工作的时效，一般而言，选择调查企业应该遵循以下几个原则。

（1）企业典型的原则。随着我国物流的发展，物流企业如雨后春笋般快速发展，近几年物流企业数量迅速增加。物流企业的选择首先要遵守典型原则。典型的含义就是在各方面都具有代表性：在效益上能为国家创造大量税收，或者为国家创造较多的就业岗位，或者为国家大型活动提供专门的物流服务；在管理上达到中等物流企业整体管理水平之上；在技术应用上具有较先进的物流设备与信息技术；在人员上具有一定比例的职业资格证书或者具有高中文化程度的职工人数；在客户评价上具有良好口碑。

对于典型企业的选择，不同地区有不同的选择，以北京地区为例，典型的物流企业较多，例如北京顺鑫绿色物流有限公司，此公司作为一家大型的国有企业，是 2008 年北京奥运会物流服务的主要提供商。北京烟草物流中心拥有全国烟草行业最先进的自动分拣设备与技术。

（2）紧密关系的原则。物流是一门实践性很强的学科，合格的物流人才不但要有系统的物流管理知识和技术，而且还要具备一定的专业技能知识，需要有物流企业实践的经历。所以对于高等院校来说，建立校企紧密合作关系，是实现培养物流合格人才的必由之路。

高等院校与物流企业建立的紧密合作关系是互赢的关系。对于物流企业而言，一方面可以招聘到适合企业需要的合格人才，提高企业人才整体素质，另一方面企业可以充分利用院校的智力资源，为企业的发展出谋划策，解决企业经营过程中的问题，同时还可以通过建立"订单班"，实现企业业务与院校教学内容的无缝对接，有针对性地对准职工进行培训。企业还可以将自身的企业培训与院校进行合作，通过专门的研讨班培训职工。对于院校而言，与企业建立紧密的合作关系，可为教学提供一个理论与实践紧密结合的场所，为实现培养出企业需要的高技能人才打下坚实的基础。

（3）距离就近的原则。每所院校都有很多紧密性的合作企业，为了方便组织教学和安全考虑，一般应选择距离近的企业来节约时间和成本。

除此之外，调查企业的选择还要遵循成本适当的原则、综合考虑的原则等。

2. 企业调研的内容

选择好典型的物流企业以后，就要结合着典型物流企业的特点来确定调研的内容。调研的共同内容选择一般包含企业发展概况、企业整体组织结构、企业服务客户类型、企业经营市场分布、企业物流设施分布、企业物流技术使用情况、企业物流人才素质、企业物流信息技术使用情况等。对于提供特殊物流服务的企业如调研危险品仓储配送中心，调研的内容要有变化。

二、制定调查问卷

调查问卷又称调查表或询问表，是以问题的形式系统地记载调查内容的文件。好的问卷具备两个功能，即能将问题传达给被问的人和使被问者乐于回答。要实现这两个功能，问卷设计时应当遵循一定的原则和程序，运用一定的技巧。

1. 调查问卷设计原则

（1）有明确的主题。根据调查主题，从实际出发拟题，问题要目的明确、重点突出。

（2）结构合理、逻辑性强。问题的排列应有一定的逻辑顺序，符合应答者的思维程序。一般是先易后难、先简后繁、先具体后抽象。

（3）通俗易懂。问卷应使应答者一目了然，并愿意如实回答。问卷中语气要亲切，符合应答者的理解能力和认识能力，避免使用专业术语。对敏感性问题采取一定的技巧调查，使问卷具有合理性和可答性，避免主观性和暗示性，以免答案失真。

（4）控制问卷的长度。回答问卷的时间控制在 20 分钟左右，问卷中既不浪费一个问句，也不遗漏一个问句。

（5）便于资料的校验、整理和统计。

2. 调查问卷设计程序

调查问卷设计程序如图 A-2 所示。

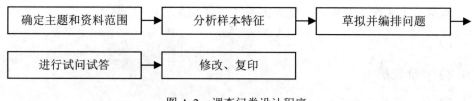

图 A-2 调查问卷设计程序

（1）确定主题和资料范围。本任务主题就是了解物流企业仓储配送中心状况，根据前期搜集准备的资料选出有效的资料，确定资料范围。

（2）分析样本特征。分析了解各类调查对象的社会特征、心理特征和文化背景，以便针对其特征来拟题。

（3）草拟并编排问题。首先构想每项资料需要用什么样的句型来提问，尽量详尽地列出问题，然后对问题进行检查、筛选，确定有无多余的问题，有无遗漏的问题，有无不适当的问句，以便进行删、补、换。

（4）进行试问试答。站在调查者的立场上试行提问，测试问题是否清楚明白，是否便于资料的记录、整理；站在应答者的立场上试行回答，测试应答者是否能答和愿答所有的问题，问题的顺序是否符合思维逻辑。

（5）修改、复印。根据试答情况，进行修改，再试答，再修改，直到完全合格以后才定稿付印，制成正式问卷。

3. 调查问卷问题的形式

（1）开放式问题：又称无结构的问答题。在采用开放式问题时，应答者可以用自己的语言自由地发表意见，在问卷上没有已拟定的答案。例如：您抽香烟多久了？您喜欢看哪一类的电视节目？您认为加入 WTO 对我国政府管理体制有何影响？开放性问题在探索性调研中是很有帮助的，但不适用于大规模的抽样调查。

（2）封闭式问题：又称有结构的问答题。封闭式问题与开放式问题相反，它规定了一组可供选择的答案和固定的回答格式。例如：

你购买××牌洗衣粉的主要原因是（选择最主要两种）：

1）洗衣较干净

2）售价较廉

3）任何商店都有出售

4）不伤手

5）价格与已有的牌子相同，但分量较多

6）朋友介绍

封闭式问题的优点体现在答案是标准化的、应答者易于作答、问题的含义比较清楚。封闭式问题也存在一些缺点，如难以察觉出应答者是否正确理解了题目；

可能产生"顺序偏差"或"位置偏差",即被调查者选择答案可能与该答案的排列位置有关。

4. 调查问卷设计技巧

对于不同类型的问题,采取的问卷设计方法不同,其设计技巧也各异,见表A-1。

表 A-1 问卷设计技巧

问题类型	技巧
事实性问题	主要是要求应答者回答一些有关事实的问题,在问卷之中,通常将事实性问题放在后边,以免应答者在回答有关个人的问题时有所顾忌,影响以后的答案。如果抽样方法是采用配额抽样,则分类性问题应置于问卷之首,否则不知道应答者是否符合样本所规定的条件
意见性问题	这种问题的处理通常有两种方法:其一是对意见性问题的答案只用百分比表示;另一方法则旨在衡量应答者的态度,故可将答案化成分数
困窘性问题	间接问题法:不直接询问应答者对某事项的观点,而改问他认为其他人对该事项的看法如何
	卡片整理法:将困窘性问题的答案分为"是"与"否"两类
	随机反应法:根据随机反应法,可估计出回答困窘问题的人数
	断定性问题处理法:正确处理这种问题的方法是在断定性问题之前加一条"过滤"问题
	假设性问题处理法:先假定一种情况,然后询问应答者在该种情况下,他会采取什么行动

(1)事实性问题。例如:你通常什么时候看电视?事实性问题的主要目的在于求取事实资料,因此问题中的字眼定义必须清楚,让应答者了解后能正确回答。

市场调查中,许多问题均属"事实性问题",例如应答者个人的资料:职业、收入、家庭状况、居住环境、教育程度等。这些问题又称为"分类性问题",因为可根据所获得的资料而将应答者分类。

(2)意见性问题。在问卷中,往往会询问应答者一些有关意见或态度的问题。

例如：你是否喜欢××电视节目？意见性问题事实上即态度调查问题。

（3）困窘性问题。困窘性问题是指应答者不愿在调查员面前作答的某些问题，例如关于私人的问题，或不为一般社会道德所接纳的行为、态度，或属有碍声誉的问题。例如：平均说来，每个月你打几次麻将？如果你的汽车是分期购买的，一共分多少期？你是否向银行抵押借款购股票？除了你的工作收入外，尚有其他收入吗？

5. 调查问卷的结构

调查问卷一般可以看成是由三大部分组成的：卷首语（开场白）、正文和结尾。

（1）卷首语。问卷的卷首语或开场白是致被调查者的信或问候语。其内容一般包括下列几个方面：

1）称呼、问候。如"××先生、女士：您好"。

2）调查人员自我说明调查的主办单位和个人的身份。

3）简要地说明调查的内容、目的、填写方法。

4）说明作答的意义或重要性。

5）说明所需时间。

6）保证作答对被调查者无负面作用，并替他保守秘密。

7）表示真诚的感谢，或说明将赠送小礼品。

调查问卷语气应该是亲切、诚恳而礼貌的，简明扼要，切忌啰唆。问卷的开头是十分重要的。大量的实践表明，几乎所有拒绝合作的人都是在开始接触的前几秒钟内就表示不愿参与。如果潜在的调查对象在听取介绍调查来意的一开始就愿意参与的话，那么绝大部分人都会合作，而且一旦开始回答，就几乎都会继续并完成，除非在非常特殊的情况下才会中止。

（2）正文。问卷的正文包含三大部分。

1）第一部分是向被调查者了解最一般的问题。这些问题应该是适用于所有的被调查者，并能很快、很容易回答的问题。在这一部分不应有任何难答的或敏感的问题，以免吓走被调查者。

2）第二部分是主要的内容，包括涉及调查的主题的实质和细节的大量题目。这一部分的结构组织安排要符合逻辑并对被调查者来说是有意义的。

3）第三部分一般包括两部分的内容，一是敏感性或复杂的问题，以及测量被调查者的态度或特性的问题；二是人口基本状况、经济状况等。

（3）结尾。问卷的结尾一般可以加上 1～2 道开放式题目，给被调查者一个自由发表意见的机会。然后，对被调查者的合作表示感谢。在问卷的最后，一般应附上一个"调查情况记录"。这个记录一般包括。以下几项。

1）调查人员（访问员）姓名、编号。

2）受访者的姓名、地址、电话号码等。

3）问卷编号。

4）访问时间。

5）其他，如设计分组等。

如下调查问卷表是为企业在做物流规划时所设计的。

××物流资源调查问卷

您好！本问卷是为××物流规划而设计。调查获得的数据资料仅用于此课题研究。请您抽出宝贵时间，帮助我们完成此次调研活动。感谢您回答此份问卷！

请您在横线上填写最符合贵公司情况的题号或文字，另有说明的题目按说明填写。

一、企业基本经营情况

1. 公司名称_____ 区域位置_____。

企业性质：_____（单选）。

   A. 国有   B. 集体   C. 中外合资/合作企业

   D. 外商独资   E. 民营   F. 内资股份制

2. 企业主要从事的业务为_____；2021年新增业务为_____（可多选）。

   A. 运输与装卸   B. 仓储   C. 包装与流通加工

   D. 配送   E. 库存管理   F. 信息系统管理

   G. 物流咨询与物流系统设计   H. 其他_____（请注明）

3. 企业的业务辐射范围：_____（可多选）。

   A. 本市   B. 本省（直辖市）   C. 本省及周边省区

   D. 全国   E. 跨国境

4. 企业的业务网点（或分支机构、代理机构等）覆盖了_____个省，_____个县级市。

5. 目前企业的物流业务是否进行了外包？_____

   A. 是   B. 否

如果企业进行了物流业务外包，则企业外包物流业务量占总物流业务量的比例：

_____。

   A. 10%及以下   B. 11%~30%   C. 31%~50%

   D. 51%~80%   E. 80%以上

6. 企业物流管理部门职责是：_____（可多选）。

   A. 仓储管理   B. 流通加工管理   C. 配送管理

   D、运输管理   E. 回收物流管理   F. 其他_____（请注明）

7. 企业物流总费用占销售额的比例：_____。

   A. 10%及以下   B. 11%~20%   C. 21%~30%

   D. 31%~40%   E. 40%以上

二、企业基础设施情况

1. 贵企业使用仓库的总面积为（　　）m²，其中自有（　　）m²，租用（　　）m²。

   自有仓库的类型属于：＿＿＿＿＿＿＿，租用仓库的类型属于：＿＿＿＿＿＿。

   A. 平房库　　　　　　　B. 立体库　　　　　　　C. 楼房库

   D. 货场　　　　　　　　E. 冷库　　　　　　　　F. 危险品专用库

   G. 其他＿＿＿＿＿＿（请注明）

2. 企业自有仓库的利用率：＿＿＿＿＿＿。

   A. 30%以下　　　　　　B. 31%～50%　　　　　C. 51%～70%

   D. 71%～90%以上　　　E. 90%以上

   具体情况：

	普通仓库	冷藏仓库	保温仓库	气调仓库	危险品库	其他（　　　）
面积/m²						
利用率/%						

3. 企业自有仓库的运作方式：＿＿＿＿＿＿＿（可多选）。

   A. 机械化作业，信息处理用人工　　　　　B. 以手工作业为主

   C. 机械化作业，信息处理计算机化　　　　D. 全自动无人作业

4. 仓库的主要物流作业功能：＿＿＿＿＿＿（可多选）。

   A. 仓储　　　　　　　　B. 加工　　　　　　　　C. 配送

   D. 转运　　　　　　　　E. 其他＿＿＿＿＿＿（请注明）

5. 仓库内自有物流设备主要有＿＿＿＿＿＿（可多选）。

   A. 叉车（＿＿＿＿＿＿辆）

   B. 厢式货车（＿＿＿＿＿＿辆）

   C. 条码或射频识别设备（RFID）

D. 物流管理信息系统软件（使用了＿＿＿＿＿＿年）

E. 其他＿＿＿＿＿＿（请注明数量）

6. 企业自有车辆有＿＿＿＿＿＿辆，挂靠车辆有＿＿＿＿＿＿辆，企业营运车辆
的利用率：＿＿＿＿＿＿。

A. 20%以下　　　　　　B. 21%～50%　　　　　　C. 51%～70%

D. 71%～90%　　　　　E. 90%以上

具体情况：

	普通货车	厢式货车	拖排半挂车	专用罐车	冷藏车	其他（　　　）
数量/辆						
利用率/%						

三、企业经营环境

1. 对于本地政府需要强化的职能，按重要程度，对以下选项画√

	弱	→	强

政策法规体系建设　　　1　2　3　4　5

提高政府服务效率　　　1　2　3　4　5

规范市场　　　　　　　1　2　3　4　5

完善物流公共信息平台　1　2　3　4　5

加强物流基础设施　　　1　2　3　4　5

推进物流标准化　　　　1　2　3　4　5

2. 我国物流标准化工作在哪些方面亟待改进？＿＿＿＿＿＿（可多选）

A. 设施与技术装备标准化　　　　B. 作业流程标准化

C. 编码标准化　　　　　　　　　D. 数据采集标准化

E. 物流信息交换标准化　　　　　F. 服务标准化

G. 其他＿＿＿＿＿＿（请注明）

3. 企业发展中存在的主要问题有哪些？＿＿＿＿＿＿＿＿（可多选）

    A. 运作成本高   B. 市场营销能力差

    C. 资金不足   D. 不能满足客户临时需求

    E. 信息化水平低   F. 客户响应速度慢

    G. 货损率高   H. 业务运作的网络化水平低

    I. 服务差错率高   J. 服务内容单一化

    K. 员工素质低   L. 其他＿＿＿＿＿＿＿

4. 企业是否有信息系统及相关设施？＿＿＿＿＿＿＿＿

    A. 无   B. 有（投资＿＿＿＿＿＿万元人民币）

    如有，其开发方式是什么？＿＿＿＿＿＿＿＿

    A. 自行开发   B. 委托定制开发   C. 外购成熟产品

    D. 其他＿＿＿＿＿＿＿＿＿＿＿＿＿＿＿＿＿（请注明）

    此物流信息系统中包括哪些模块？＿＿＿＿＿＿＿＿（可多选）

    A. 运输管理   B. 仓储管理   C. 财务管理

    D. 设备管理   E、订单处理   F. 配送管理

    G. 其他＿＿＿＿＿＿＿（请注明）

5. 企业采用了哪些物流信息技术？＿＿＿＿＿＿＿＿（可多选）

    A. RFID（射频识别）

    B. GPS（全球卫星定位系统）与 GIS（地理信息系统）

    C、ASS（自动分拣系统）

    D. EOS 系统（电子自动订货系统）

    E. 条形码技术

    F. EDI 系统（电子数据交换系统）

    G. 其他＿＿＿＿＿＿＿（请注明）

6. 企业的客户能否访问本企业的网络数据？＿＿＿＿＿＿＿

　　A. 能

　　B. 不能，但一年内基本可以实现数据共享

　　C. 近几年内都无法实现

7. 企业未来一年内可能投资哪些物流信息技术设备？＿＿＿＿＿＿（可多选）

　　A. RFID（射频识别）

　　B. GPS（全球卫星定位系统）与 GIS（地理信息系统）

　　C. ASS（自动分拣系统）

　　D. EOS 系统（电子自动订货系统）

　　E. 条形码技术

　　F. EDI 系统（电子数据交换系统）

　　G. 其他＿＿＿＿＿＿（请注明）

四、企业前景预测

1. 企业未来需要加强的工作有哪些？＿＿＿＿＿＿（可多选）

　　A. 降低运作成本　　　　　　B. 加强市场营销

　　C. 增加服务项目　　　　　　D. 提高信息化水平

　　E. 提高客户响应速度　　　　F. 降低货损率

　　G. 降低服务差错率　　　　　H. 优化业务运作网络

　　I. 满足客户临时需求　　　　J. 提高员工素质

　　K. 与核心客户及供货商建立更紧密的合作关系

　　L. 与国内外物流企业建立联盟与合并

　　M. 其他＿＿＿＿＿＿（请注明）

2. 企业将开展哪些增值服务？＿＿＿＿＿＿（可多选）

A. 咨询及信息服务　　B. 物流一体化服务　　C. 物流系统设计与优化

D. 物流方案策划　　E. 其他_____（请注明）

3. 企业将在哪些方面进行投资？_____（可多选）

A. 扩张业务网络　　B. 物流信息技术　　C. 运输车辆

D. 仓储设施　　E、员工培训　　F. 其他_____（请注明）

4. 目前影响和制约本企业业务发展的主要因素有哪些？

_____

5. 进一步提高本企业物流专业化水平和竞争力的主要措施有哪些？

_____

备注：请您留下具体联系方式，谢谢！

填表人姓名：

电话：

电子信箱：

2022.1.10

6. 问卷设计应注意的问题

（1）问卷的开场白。问卷的开场白必须慎重对待，要以亲切的口吻询问，措词应精心琢磨，做到言简意明、亲切诚恳，使被查者自愿与之合作，认真填好问卷。

（2）问题的字眼（语言）。由于不同的字眼会对被调查者产生不同的影响，因此相同的问题会因所用字眼不同，而使应答者产生不同的反应，给出不同的回答。故问题所用的字眼必须小心，以免影响答案的准确性。一般来说，在设计问题时应留意以下几个问题。

1）避免一般性问题。如果问题的本来目的是在求取某种特定资料，但由于问题过于一般化,使应答者所提供的答案资料无多大意义就会导致此项问卷的失败。

例如,某酒店想了解旅客对该酒店房租与服务是否满意,询问:"你对本酒店是否感到满意？"这样的问题显然有欠具体。由于所需资料牵涉到房租与服务两个问题,故应分别询问,以免混乱,如:"你对本酒店的房租是否满意？你对本酒店的服务是否满意？"

2)问卷的语言要口语化,符合人们交谈的习惯,避免书面化和文人腔调。

（3）问题的选择及顺序。通常问卷的头几个问题可采用开放式问题,使应答者多多讲话,多发表意见,使应答者感到十分自在,不受拘束,能充分发挥自己的见解。因此问题应是容易回答且具有趣味性,提高应答者的兴趣。核心问题往往置于问卷中间部分,分类性问题如收入、职业、年龄通常置于问卷之末。问卷中问题的顺序一般按下列规则排列。

1)容易回答的问题放前面,较难回答的问题放稍后,困窘性问题放后面,个人资料等事实性问题放卷尾。

2)把一般性的问题、被调查者较熟悉的问题放在前面；把特殊性的问题、被调查者较生疏的问题放在后面。

3)要注意问题的逻辑顺序,按时间顺序、类别顺序等合理排列。

三、调研过程实施

调研问卷设计出来后,紧接着要进入具体的实施环节。调研实施环节涉及很多方面,这些方面多多少少影响着调研目标实现的效果,例如时间、天气、对象、交流技巧等。其中面谈交流的对象以及交流时的技巧是重要的影响因素。

1. 交流对象

对于物流企业而言,整个企业的人员组织机构一般包含总经理、副总经理、人事部门经理、物流部门经理、仓储配送部部长、信息管理部部长、仓库主管、配送主管、调度员、信息统计员、库管员等。在调研实施之前，如果有项目支撑，可以凭借项目的支持，充分利用企业的配合，由企业安排实施物流企业资源和业务运作情况的调查。如果没有项目支持，此时要借助其他关系，实现调查的目标。

一般在调研前，首先要将设计好的调研问卷电子版或文字版提交给调研企业，由企业安排人员填写调研问卷。另外，在企业填写调研问卷之余，调研人员应该安排时间，选择调研内容，与企业不同的调研对象进行面对面的交流，以更深入了解企业的各方面情况。

交流对象一般选择企业总经理、人事经理、业务经理和业务员四个层次。总经理负责介绍企业整体发展的概况，以及未来发展的规划目标；人事经理主要介绍本公司人员结构、岗位情况以及各岗位对岗位的要求和对员工的绩效考核、招聘等情况；业务经理负责介绍本公司物流业务特点、服务客户、物流资源等；业务员主要介绍所在岗位的业务特点，完成业务所需的技能和知识。

2. 访谈技巧

访谈作为最常用的一种调研方式，能够使调研者快速、多方位了解企业，掌握相关的信息。访谈的效果取决于对访谈的态度和技巧的运用。如果访谈工作只是流于形式，进行流程化的你问我答，往往难以获得理想的效果。

（1）访谈前做充分的准备。尽可能搜集企业资料，以期对企业近几年的发展和服务客户有一个整体的熟悉和把握，同时对本土区域相类似企业的经营模式与之进行比较，找到各自的优势。总之，调研之前做好充分的准备，是实现调研目标，取得事半功倍效果的重要一步。其实每个项目的访谈都应进行充分的准备，尤其是对于重要的访谈对象，更应该在访谈前认真准备。

1）合理安排访谈。访谈前根据访谈的目的合理安排访谈的对象、人数、时间等内容。访谈的安排容易出现两个问题：一是机械地把所有的访谈安排在一起。其实有的情况下访谈可以分阶段进行，例如初步了解企业情况做一些访谈，深入思考问题、解决问题还可以做一些访谈，做方案和做访谈也可以穿插着进行。总之，访谈是根据需要灵活安排的，而不是一种程序；另一个问题是打疲劳战，所有的调研者在一段时间拼命访谈，每天的访谈量很大，这样做的结果是总结、消化、探讨的时间很少，效果不佳。

2）明确访谈目的、设计相关内容。访谈的时间非常有限，因此访谈要有明确的目的，需要了解什么情况、掌握什么信息，要做到心中有数。采用结构化访谈一般会事先拟好访谈提纲。这里需要注意两点：一是对重要的访谈对象，访谈提纲要因人而异；二是根据在访谈中发现的问题及时调整访谈的侧重点，例如，经过对几个人进行访谈，发现该企业的某个问题，而这个问题对项目很重要，那么在后面的访谈中就需要有意识地深入了解这个问题。

3）了解访谈对象。对于重要的访谈对象，这一点很有必要。了解访谈对象的背景、经历，甚至阅读其作品、讲话稿等，对访谈中的沟通能起到很好的作用。

（2）引导与控制：挖掘最有价值的信息。

1）良好的开场。开场最重要的是迅速拉近与访谈者的距离，赢得信任，让对方打开话匣子。一般来说应注意三点：一是介绍访谈的目的，让对方了解访谈的主题；二是说明访谈内容的保密性，让对方能够放心地说；三是寻找恰当的切入点，这一点是最重要的，恰当的切入点能提起访谈者的兴趣，使对方在轻松愉快的情绪中开始交谈。

2）让对方谈感兴趣和擅长的内容。在访谈中应注意观察、感知对方的反应，遇到对方不愿多谈的就简单带过，多谈让对方感兴趣和擅长的内容。因为人在谈自己感兴趣和擅长的内容时一般能够说得详细、真实、生动，能够让访谈者捕获比较丰富的信息，当然，这些信息必须是和项目相关的。

3）深入挖掘有价值的信息。四平八稳、每个问题谈相同时间的访谈往往只能获得粗浅的信息。要想对企业有比较深入的了解、发现有价值的问题，在访谈中需要深入挖掘有价值的信息。即便是相同的访谈提纲，与每个访谈者的交流也是不一样的，如果发现某个问题有价值，应该引导访谈者深入去谈。

4）控制方向和节奏。访谈的时间是有限的，要在有限的时间里捕获尽可能多、并且有价值的信息。访谈者在整个访谈过程中说的话不宜多，但要能把握访谈的方向和节奏，好比掌舵的水手。当访谈对象说的话离题时，要用恰当的方式引导对方回归主题。什么问题谈到什么程度也要有所把握，以免后面需要访谈的内容没有时间进行。

（3）去伪存真。对于访谈中的信息，要判断其真实性，信息的准确度会影响对事情的评价判断，尤其是一些重要的信息，判断其真实性是很必要的。在访谈中可以用一些技巧对信息进行去伪存真的过滤。一种是采用呼应式的提问，就是为了印证前面一个事情，在后面从另外一个角度提问，看看是否吻合。另一种方式是追问细节、列举事例。例如对方说来了新的领导发生了很多改变，一是按能力大小来用人，二是……对于这种类似"背书"的回答，就可以询问，"您能就按能力大小来用人这点举一两件事例吗？"结果对方说"还没有具体实施，只是表现出这样的想法"。通过这段对话大概可以判断此信息可信度不高。还有一种方式是多人印证，即对于同一件事情，在访谈中询问不同的人往往可以搞清事情的真相。

（4）善于捕捉细节。很多时候通过细节能感知一些重要的信息。细节包括语言细节和非语言细节。例如访谈一个工厂的厂长，这个工厂是总公司刚刚并购的，厂长由总公司新派，副厂长则来自原企业。厂长提到副厂长时说："他有想法，他不和我沟通，我怎么知道他有什么想法……"，这句话所体现出来的思想和行为与他先前所说的要"主动将自己融合在原来的企业里面"显然是不一致的。通过这种不经意的一句话，甚至语调、语气，往往能感知最真实的信息。

（5）不要进行评价和表达观点。调研者访谈时一定要明白自己的身份和目的。

在访谈过程中，不宜对事和人进行主观的评价，也不宜表达自己的倾向和观点。访谈的目的是获取所需要的信息，用于后面的分析、设计方案等。

四、汇总分析问卷

在前期的调研问卷和访谈后，要对调研问卷和访谈的结果进行总结和分析，以便为后面的结论打下良好的基础。分析之前，需要对数据进行量化，以方便对数据的分析。问卷的统计与分析是调查的重点，也是调研工作的难点。同样的统计数据，由于分析方法以及对数据的理解不同，可能会得到相反的结果。

从统计分析的层次可将问卷的统计分析方法分为两类：定性分析和定量分析。

1. 定性分析

定性分析是一种探索性调研方法。目的是对问题定位或启动提供比较深层的理解和认识，或利用定性分析来定义问题或寻找处理问题的途径。但是，定性分析的样本一般比较少（一般不超过 30 个），其结果的准确性可能难以捉摸。实际上，定性分析很大程度上依靠参与工作的统计人员的天赋眼光和对资料的特殊解释，没有任何两个定性调研人员能分析得到完全相同的结论。因此，定性分析要求参与的分析者具有较高的专业水平，并且优先考虑有数据资料收集与统计工作经历的人员。

2. 定量分析

在对问卷进行初步的定性分析后，可再对问卷进行更深层次的研究——定量分析。定量分析首先要对问卷数量化，然后利用量化的数据资料进行分析。问卷的定量分析根据分析方法的难易程度可分简单为定量分析和复杂定量分析。

（1）简单定量分析。简单定量分析是对问卷结果进行一些简单的分析，例如利用百分比、平均数、频数来进行分析。

1）对封闭问题的定量分析。在封闭问题中，设计者已经将问题的答案全部给出，被调查者只能从中选取答案。例如：

您认为出入正式场合时，穿着重要吗？（限选一项）

一点也不重要..............................1

不重要..2

无所谓..3

重要..4

非常重要....................................5

若总共有 45 次访问的回答，我们可以简单地统计每种回答的数目：一点也不重要=2；不重要=5；无所谓=10；重要=15，可把结果整理成表 A-2。

表 A-2 出入正式场合穿着重要性

变量类型	变量取值	频数	百分比	累计百分比
一点也不重要	1	2	0.04444	0.04444
不重要	2	5	0.11111	0.15555
无所谓	3	10	0.22222	0.37777
重要	4	13	0.28889	0.66666
非常重要	5	15	0.33333	1.00000

从表 A-2 中可以看出分析结果——33.3%的被调查者认为在正式场合穿着很重要，仅有 15.6%的人认为在正式场合穿着不重要。

表 A-2 是对全部样本的总体分析。然而，几乎所有的问卷分析都要求对不同的被访群之间进行比较。这就需要用较为复杂的方法——交叉分析来实现。交叉分析是分析三个变量之间的关系。例如美国的一位调研人员怀疑美国人海外旅游的欲望可能与年龄有关，但通过分析没有发现两者之间存在任何联系，当将性别作为第三个变量引进之后，发现在男性中，45 岁以下的人中有 60%有海外旅游欲望，而 45 岁以上者只有 40%有这种愿望，但是在女性中结果正好相反。因此，当将全部数据混合在一起分析时，年龄与海外旅游欲望之间的关系就被掩盖了，而按不同性别分类后，这种隐含的相关关系就被揭露出来，具体见表 A-3。

表 A-3　按年龄和性别分类的海外旅游的欲望

海外旅游的欲望	男性年龄		女性年龄	
	45 岁以下	45 岁及以上	45 岁以下	45 岁及以上
有	60%	40%	35%	65%
无	40%	60%	65%	35%
列总数	100%	100%	100%	100%
个案例	300	300	200	200

从表 A-3 中可以看出交叉分析的强大作用。它还可同时研究更多变量之间的关系。例如本例可再加上收入、职业等各方面来进行比较分析。

2）对开放问题的定量分析。在开放问题中，问卷设计者不给出确切答案，而由被调查者自由回答。例如，对于"您为什么不想海外旅游"问题有 5 个被访问者进行了回答，见表 A-4。

表 A-4　您为什么不想海外旅游

被访问者	回答
1	没有时间，等以后再说
2	根本不喜欢旅游，没什么意思
3	浪费金钱、时间，还不如在家看电视
4	不安全
5	负担太重，没有钱

如果所有回收的问卷只有这 5 种答案，那么就很容易进行分析概括。可是，一般回收的问卷都有几百份，所以对于开放性问题就可能有几十种甚至几百种答案，因此很难进行直接分析。因此对于这种问题，必须进行分类处理，例如可把

不旅游的理由大概分为四类，见表 A-5。

表 A-5　不想旅游的理由

理由	百分数/%
时间原因	30
金钱原因	48
安全原因	10
纯粹不喜欢	12

利用上表中的四种原因，我们就可以进行分析处理，并且从表中很容易看出被调查者的观点。

3）数量回答的定量分析，即回答结果为数字。例如"您为海外旅游花费多少？"，对于这类问题，最好的方法是对量化后的数据进行区间处理，区间范围的划分很大程度上要靠经验和专业知识。在用区间表示数量分布的同时，可使用各种统计量来描述结果，包括位置测度，平均值、中位数和出现频率最高的值或者分散程度的测定，范围、四分位数的间距和标准偏差。

上述三种方法仅是简单的问卷分析，靠简单的统计方法来处理数据是十分可惜的，因为这样会丧失大量的数据信息，使分析结果流于肤浅，从而增大决策的风险。

（2）复杂定量分析。简单定量分析常用于单变量和双变量的分析，但是社会经济现象是复杂多变的，仅用两个变量难以满足需要。这时就需要用到复杂定量分析，在问卷设计中，常用的复杂定量分析有两种——多元分析和正交设计分析，这些方法可以参考相关书籍自行学习，由于篇幅限制，此处不做介绍。

3. 统计分析方法的选择及应该注意的问题

（1）统计分析方法的选择。一般情况下，选择统计分析方法时应该注意两个问题：第一，如果只需对问题进行初步探索，那么可采用定性分析或简单定量分析；第二，如果需要对问题进行深层研究，探索事物的本质，则需要利用复杂定量分析。事实上在很多时候，合适的问卷分析方法的选取取决于分析人员的经验和专业知识。

（2）选择统计分析方法过程中应注意的问题。在市场调研中，经常将定性分析与定量分析相结合，使之互相配合，以便得到更准确、更全面和更细致的调查结果。使用定性分析的方法可以辅助与补充定量分析的不足，例如，有些问题涉及被调查者的隐私或对他们的自我形象有消极作用，这时被调查者就可能提供不切实际的回答，此时利用定性分析可得到较切实际的结果。

附录 B 调研报告

现代物流管理专业人才需求调研报告

一、调研概况

调研目的：了解北京市经济总体发展和物流市场发展概况及运行特点，熟悉商贸类企业对物流人才需求变化及岗位设置和工作任务，以及从业人员应具备的知识、能力、素质等要求，为后续制定高质量的专业教学标准提供全面、客观的依据。

调研对象说明见表 B-1。

表 B-1 调研对象

序号	企业类型	调研数量	备注	负责人
1	电商企业	2	京东、阿里	李作聚
2	商贸类企业	5	朝批、沃尔玛、永辉、菜百、翠微百货	刘*
3	物流企业	3	北京安信捷达、西南物流、北京烟草物流中心	刘*
4	国际外贸类	2	嘉里大通、中外运	苗*
5	行业协会	1	北京物流与供应链协会	付*茹
6	同类院校	3	北京交通职业技术学院、北京电子科技职业学院、北京信息管理职业学院	罗*涛
7	毕业生	20		孙*

调研路径及方式方法：本次调研主要通过文献研究、专家访谈、现场调研、电话沟通等方法进行。调研路径如图 B-1 所示。

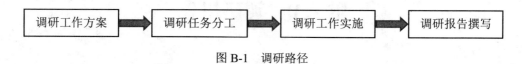

图 B-1　调研路径

调研工具：问卷及现场访谈。

二、调研结果分析

1. 2021 年我国物流发展现状

2021 年，我国物流呈现坚实复苏态势，实体经济持续稳定恢复，拉动物流需求快速增长，物流供给服务体系进一步完善，供应链韧性提升，有力地促进宏观经济提质、增效、降本，物流实现中华人民共和国国民经济和社会发展第十四个五年规划纲要（"十四五"）良好开局，具体表现如下。

（1）物流需求增势良好，支撑经济稳定恢复。2021 年，物流需求规模再创新高，社会物流总额增速恢复至正常年份平均水平。全年社会物流总额 335.2 万亿元，是中华人民共和国国民经济和社会发展第十三个五年规划纲要（"十三五"）初期的 1.5 倍。

社会物流总额与 GDP 对比来看，与疫情前的 2018、2019 年不同，2020 年以来社会物流总额增速持续高于 GDP 增长，物流需求系数持续提升，数据显示在疫情压力持续存在的情况下，生产、出口、消费等实物物流恢复保持良好势头，实体经济是物流需求复苏的主要支撑。

（2）顺应需求升级新变化，物流市场活力进一步增强。2021 年物流体系建设稳步推进，适应市场物流需求变化，物流供给服务保持快速增长，支撑产业链、供应链韧性提升。全年物流业总收入 11.9 万亿元，同比增长 15.1%。具体表现如下。

1）物流企业竞争力提升，行业集中度提高。截至 2021 年末，全国 A 级物流企业近 8000 家，50 强物流企业收入合计 1.4 万亿元，同比增长 16.6%。物流行业各领域龙头企业加快兼并重组和上市步伐，中国物流集团正式成立。市场集中度进一步提升，50 强物流企业收入合计占物流业总收入的比例提升至 13%。

2）物流活动恢复势头良好，行业处于高位景气区间。2021 年全年物流业景气指数平均为 53.4%，较上年提高 1.7%。物流企业业务量及订单指数均位于较高景气水平，且总体水平有所提升，物流主体活力进一步激发。

（3）物流供应链韧性提升，畅通国内/国际双循环。2021 年是构建新发展格局的起步之年，国际环境复杂严峻、国内疫情多发散发等多重因素倒逼我国物流运行效率、供应链响应水平加速提升。从物流成本统计来看，2021 年社会物流总费用 16.7 万亿元，与 GDP 的比率为 14.6%，比上年回落 0.1%，在连续三年持平后首次回落。

（4）"十四五"开局之年，物流运行环境改善。具体表现如下。

1）物流政策环境良好，产业地位稳中有升。《国家综合立体交通网规划纲要》提出到 2035 年要建成"全球 123 快货物流圈"，国内 1 天送达、周边国家 2 天送达、全球主要城市 3 天送达。《"十四五"现代流通体系建设规划》（发改经贸〔2022〕78 号）对现代流通体系建设进行了战略性布局、系统性谋划，提出一系列可操作、可落地的重点任务，为进一步扩大流通规模，提高流通效率，推动流通领域创新，激发流通企业活力提供有力支撑。《"十四五"冷链物流发展规划》（国办发〔2021〕46 号）提出到 2025 年布局建设 100 个左右国家骨干冷链物流基地，同时针对冷链物流"最先一公里"和城市"最后一公里"等行业难题提出了科学可行的指导方案，规划提出打造"三级节点、两大系统、一体化网络"的冷链物流运行体系。国家发展改革委发布"十四五"首批国家物流枢纽建设名单，国家物流枢纽增至 70 家，支持重大物流基础设施互联成网，形成枢纽经济新增长极。

《推进多式联运发展优化调整运输结构工作方案（2021－2025）》（国办发〔2021〕54 号）提出"到 2025 年，多式联运发展水平明显提升，基本形成大宗货物及集装箱中长距离运输以铁路和水路为主的发展格局，全国铁路和水路货运量比 2020 年分别增长 10%和 12%左右，集装箱铁水联运量年均增长 15%以上"，运输结构调整进入新阶段。

2）物流基础设施环境改善，综合物流网络加快完善。宏观层面，物流基础设施网络建设稳步推进，投资额增速稳中有进。全年物流相关固定资产投资有望超 3.5 万亿元，同比增长 3.1%，两年平均增长 5.1%，增速与 2019 年水平基本持平。微观层面，疫情以来物流企业网络化布局步伐加快，基础设施服务能力进一步提升。从仓储设施来看，2021 年中国 50 强企业仓储服务能力同比增长 7.3%，数字化及智能化基础设施的技术创新应用比例达到 100%。

3）物流供需环境改善，服务价格维持较好水平。2021 年，物流供需关系有所改善，公路、快递等完全竞争行业供大于求、恶性低价竞争等局面有所缓解，年内物流服务价格处于较好水平。物流业景气指数中的物流服务价格指数全年平均为 50.1%，较上年提高 1.5%。

2. 北京市商贸物流发展现状

北京是特大型消费城市，商贸物流在城市运行中发挥着重要作用。2021 年平均每天实现商品购进额 154 亿元，每天实现商品零售额超过 30 亿元。

（1）农产品物流情况。北京市农产品自给率较低，绝大多数依靠外地市场供给。全市有主要农产品批发市场 28 个，每日进货量达 6.5 万吨，主要批发市场的仓储面积约为 220 万平方米。有零售菜市场 400 多家，每天主要通过农产品批发市场进货，满足市场周边百姓日常生活需求。每日进京整车运送鲜活农产品的车辆数约为 1.5 万辆。农产品物流进京以外埠车辆为主，市内配送以本市车辆为主。

从来源看，本市蔬菜类冬春季来源为南方菜占三分之一（广东、广西、海南、云南），北方菜占三分之二（河北、山东、内蒙古）；夏秋季主要来自于北京周边省份（河北、山东）。禽肉蛋类来自于河北、内蒙古等地，水产类来自河北、天津、大连等地，粮油类来自东北、河北、广东等地。

（2）冷链物流情况。北京市冷链物流需求持续增加，冷链物流基础设施设备供给量增加，服务水平和服务能力不断提高。冷链物流涉及果蔬、肉类、水产品、医疗器械等行业。全市冷库容量为 140 万吨，冷库容积 350 万立方米。冷库主要分布在丰台、大兴、朝阳、顺义等区。人均冷库占有量为 0.16 立方米。北京市冷藏车 6895 辆，每万人拥有冷藏车 3.3 辆。

（3）电子商务物流情况。据调查，电商物流在北京市的仓储布局主要集中在通州、顺义、大兴、朝阳等地区，总面积超过 110 万平方米，主要用于满足北京地区消费需求。服务于电商配送的货运车辆 5100 余辆。以京东为例，在北京市仓储设施超过 20 座，共有配送站点和自提点近 560 个，配送车辆约 1000 辆。

（4）商贸物流模式。

1）农产品物流模式。

- 传统渠道：农产品由产地经农产品批发市场进入农贸市场/社区菜市场/超市/机关食堂/餐饮企业，然后进入消费者手中，如现有社区菜市场基本都是此类模式。

- 新型流通渠道：农产品由产地经现代流通加工配送中心进入超市/社区菜店/机关食堂/餐饮企业等连锁零售终端，然后进入消费者手中，如物美、永辉等连锁超市销售的农产品大都采用此种模式。

- 直供模式：农产品批发市场或基地直供进入零售终端（社区菜市场、社区菜店、生鲜超市、蔬菜直通车等），如北京新发地百舸湾农副产品物流有限公司、北京志广富庶农产品有限公司均为直供商。

2）日用消费品物流模式。

● 商贸企业自营模式：由生产厂家（经销商商品大库）进入经销商北京商品库，然后配送到大型连锁超市配送中心，最后到终端门店最终进入消费者手中，如京客隆超市采用此种模式。

● 大宗直采直送模式：大型连锁超市不经过经销商，直接从生产厂家拿到商品进入大型连锁超市配送中心，再配送到终端门店最终进入消费者手中，如家乐福超市采用这种模式。

● 大宗直送模式：第三方配送的大型连锁超市直接从经销商北京库将产品配送到终端门店最终进入消费者手中，如沃尔玛超市采用此种物流模式。

3）电商物流模式。

● 自建物流模式：电商企业从生产厂家采购商品，进入电商企业仓库，经电商自有多级分拣中心，到达终端配送站点、自提点，最后到消费者手中，如京东采用此种物流模式。

● 第三方物流模式：商品进入电商企业仓库后，由第三方物流（包括快递）企业提货，进入第三方物流企业的配送分拣中心，到达第三方物流企业的配送站点、自提点，最后到达消费者手中，如天猫采用此种物流模式。

● 跨境电商物流模式：电商企业从国外采购、集货，商品进入电商企业海外仓，然后到达国内机场监管区，清关后进入国内仓库，通过多级分拨配送，到达消费者手中，如宝贝格子（宝贝格子科技有限公司）采用此种模式。

3. 2021 年我国物流人才需求现状

（1）物流人才需求新方向。近年来，物流业最迫切的需求即"降本增效"。人工智能技术及相关软硬件产品是缓解物流业顽疾的一味良药，2019 年"人工智能+物流"的市场规模为 15.9 亿元，预计到 2025 年市场规模将接近百亿。在物流各环节的应用分布方面，仓储与运输占比较大，两者占比之和超过八成。我国已经建成全球最大的物流市场，从业人员超过 5000 多万，是服务业的主要就业渠道之一。"十四五"时期，我国物流业发展仍将处于重要战略机遇期，在国民经济中的产业地位将进一步提升，是构建新发展格局的重要支点。同时，物流人才需求仍面临巨大缺口，尤其在数字化转型、智能化改造、物流业与制造业深度融合、国际物流大通道建设等方面仍需补齐人才短板。

（2）行业人才需求新岗位。

1）物流智能化。互联网时代下，物流行业与互联网结合，带动行业新技术、新业态不断涌现。各大电商物流纷纷推出物流新科技。如顺丰打造智慧物流地图，无人仓的投入使用。智慧物流加快转型升级成为必然趋势，推动物联网技术在物流中更好地应用。物流智能化带来的人才缺口和相应的人才来源如下。

- 人才缺口：物联网运营人才、物联网产品规划人才、物联网解决方案人才、车货匹配平台运营管理人才、智能仓配设计人才。

- 人才来源："物流+互联网"平台、物联网智慧科技公司、智能仓配系统解决方案公司。

2）物流新零售。新零售带来的供应链变革不断推动物流业对于效率与速度的追求。随着新零售的到来，源于顾客对分钟级配送的追求，前置仓模式兴起。例如盒马鲜生的门店即是前置仓，进而做到了分钟级配送。而在更快时效的背后，需要强大的大数据驱动的供应链物流来支撑。随着新零售概念的广泛推广和对线下"体验性"和"即得性"的追求，物流在新零售领域的重要性日渐突出。物流新零售带来的人才缺口和相应的人才来源如下。

- 人才缺口：数据运营人才、物流规划人才、线上运营类人才、成本分析类人才。

- 人才来源：新零售公司、传统物流公司、快消行业公司。

3）物流平台。"互联网+"平台模式发展如火如荼，行业竞争不断加剧，2018年的物流平台类公司经过行业洗牌，逐渐从创业期向平稳成长期过渡，上下游组织变化催生了一大批以技术和服务创新驱动供应链时效的新型物流平台。"平台公司+深度运营能力"的物流公司将成为一种新业态。物流平台变化带来的人才缺口和相应的人才来源如下。

- 人才缺口：物流平台运营人才、行业解决方案人才、业务开拓人才、仓配规划人才、供应链优化人才。

- 人才来源：大型电商公司、传统物流人才专业化、甲方物流/供应链人才。

4）物流资本化。近年来，资本的持续关注使得物流行业飞速发展。2018年以来，一线快递企业陆续上市，"新零售"带来新消费时代，电商巨头与新兴创业者竞相布局，也使得资本热钱涌入物流行业的变革中，物流领域或全面进入资本时代。物流资本化带来的人才缺口和相应的人才来源如下。

- 人才缺口：物流产业基金设计/运营管理人才、高级投资人才、风控合规人才。

- 人才来源：物流产业发展基金管理公司、大型物流地产企业、专业金融机构。

5）复合型专业人才。"互联网+"促进了传统物流产业的变革升级，人工智能与物联网（IoT）的结合，正在让物流行业发生一场效率革命。一方面物流业与"互联网+"越来越紧密地联系在一起，行业领军企业及新型智慧物流科技企业正加强移动互联网、大数据、智能技术、云计算等先进技术在物流领域内的应用，由此加快了跨行业、跨区域、跨国界的物流信息平台的构建，进一步优化物流运作流程，提高物流供需信息对接和使用效率，提升物流仓储的自动化、标准化、智能化水平以及运转效率，从而加快商品流通，减少对流动资金的占用，降低物流成本；另一方面，现代物流要抓住"一带一路"和"长江经济带"的机遇，融入国际大物流，以提高国际竞争力。

这些都带来了复合型专业人才的紧缺，从而制约了物流产业链的迭代更新。从复合型专业人才需要具备的能力要素来看，主要有以下三个方面：

一是全面、系统地掌握物流管理方面的理论知识，熟悉物流运作的各个环节，能将理论和实践高效结合；二是有广阔的国际视野，了解国内外物流发展的新动态，能从战略上分析和把握其发展特点和趋势；三是具有较强的跨国文化交流能力，随着现代物流行业的国际化进程不断加快，文化融入及优秀的合作、创新能力将是决定中国企业是否能成功地跨出国门关键的一环。

（3）物流人才供需新矛盾。统计表明目前我国有 1000 多所高职院校开设了物流类专业，在校高职学生超过 30 万人。在未来的十年内，我国将持续处于物流人才的高峰需求阶段。随着信息技术、自动仓储技术、包装技术、装卸搬运技术及相应设备大量在物流活动中的应用，物流业的发展需要大批具有一定文化水平并具备一定技能的物流操作人才。然而目前我国物流人才除了数量不足外，离职率也较高，物流人才数量的缺口亟待解决。物流人才供需新矛盾主要有以下几个方面。

1）物流技能人才隐性经验多，显性知识少。目前部分物流人员既具备叉车驾驶、机修钳工、货车驾驶、计算机等资质证书，也长期从事叉车驾驶、设备维修、车辆驾驶、系统维护等岗位工作，在实践中积累了大量的技能和经验，在技能竞赛、应急演练等应用场景中方能显示其先进性和实用性。然而，经验类知识属于隐性知识，往往停留于少数技能经验丰富的人才身上，由于缺乏相应的平台和机制，隐性的技能知识无法显性化。要培养高素质技能型物流人才，需要将技能经验知识化，通过更大范围的传播和推广，充分发挥技能价值的乘数效应。

2）物流技能人才"一专一能"多，多专多能少。目前一线物流人员普遍掌握本职岗位所需的工作技能，具备一技之长，能够用最少的时间、最低的成本、最高的效率完成物流作业,但由于跨专业、跨岗位的轮岗机会少,人才成长平台相对缺乏,个体技能水平只能实现量变,无法实现质变。在多变的市场环境下,物流人力资源的优化配置会对物流人员的技能提出更高要求。当个体技能属性越多,人力资源配置的灵活性就越大、备选方案就越多。要培养高素质技能型物流人才,需要构建并蓄满物流人才技能池,推动物流人员从"一专一能"向"一专多能""多专多能"转变。

3) 物流技能人才应用创新多,原始创新少。目前物流领域善于借鉴成熟的社会物流运行经验,通过引进、吸收、消化再创新的方式提高物流运行现代化水平,如对 5G、物联网、大数据、云计算、移动互联网等先进技术和手段进行了实践和应用,并积累了较多的成功经验,而在原始创新的激励和保障机制方面有待进一步健全。要培养高素质技能型物流人才,需要提升其解决问题的理论水平、创新能力、系统思维等,更好地开展基础创新,构筑未来企业竞争中不可替代的技术实力。

4. 北京市物流人才供需情况

(1) 岗位需求。根据调研结果,从岗位需求来看,普工/操作工、快递员/速递员、仓库/物料管理员、理货/分拣/打包等一线操作岗位需求人数最多,其次是采购专员/助理、外贸/贸易专员/助理、物流专员/助理、销售代表等运营岗位,采购经理/主管、物流经理/主管等中层管理岗位的需求量排在第三位,物流总监、总经理等高层管理岗位及系统工程师、ERP 工程师等技术岗位需求量不大。

(2) 学历、岗位、经验、薪资匹配状况。从 2018 上半年物流人才招聘的学历要求来看,大专、本科、不限学历的岗位居多,要求高学历(硕士、博士)和低学历(中专、高中等)的岗位较少。多数物流岗位需要中等学历人才。

岗位层级与学历大体呈正相关关系,岗位层级越高对学历的要求越高,一线操作岗、运营岗一般要求本科或大专学历,技术岗位中硕士学历的占比有明显上升，中高层管理岗中本科以上学历占比相对较高。

随着学历和岗位层级的上升，薪资大致呈上升趋势。初中、高中、中技、中专、大专、本科、硕士、博士的平均薪资依次为 2001、4447、4046、4072、5314、7505、9473、9810（元/月）。其中大专学历在一线操作岗、运营岗、技术岗、中层管理、高层管理岗位中的平均薪资为 4874、4173、5686、6184、11426（元/月）。

薪资水平与学历、经验均呈正相关关系，学历越高、工作经验越丰富薪资越高。对于刚毕业（无经验）的学生来说，大专生的平均薪资为 3669.17 元/月，本科生的平均薪资为 4016.19 元/月，硕士的平均薪资为 6185.05 元/月。

学历越高，薪资随工作经验增长的幅度越大，例如，博士、硕士、本科学历的物流人才薪资出现大幅上涨分别是在工作 1～3 年、3～5 年、5～10 年之后。

（3）北京市高职院校物流专业开办情况。2019 年，北京市有 4 所高职院校开设物流管理相关专业，招生人数和开办专业院校都比较少，具体见表 B-2。

表 B-2　2019 年北京市高职院校招生计划物流管理类专业

序号	院校	专业
1	北京财贸职业学院	现代物流管理
2	北京电子科技职业学院	国际商务（跨境贸易服务）
3	北京经济管理职业学院	工商企业管理（物流课程）
4	首都经济贸易大学密云分校	物流管理

三、职业岗位与职业能力分析

1. 职业岗位

根据以上的市场调研分析，对人才的需求主要集中在仓储、运输和综合物流三个方向，其中物流与电子商务的融合发展将是未来对人才需求的新方向。结合对企业的现场调研、问卷和访谈，总结出物流人才需求的梯度变化，也就是物流人才职业发展的路径变化表，如图 B-2 所示。

发展阶段	就业岗位											学历层次	发展年限	
	仓储			运输				综合物流						
	仓储作业	仓储管理	仓储信息	货运代理	干线经营	城际快运	网络经营	信息处理	物流管理	企划管理	供应链融资		中职	高职
VI	物流总监、物流顾问、供应链总监等											高职	10年以上	8年以上
V	仓储经理			部门总经理				部门总经理、项目总经理等				高职	8~10年	5~8年
IV	仓储项目经理			货运经理、市场经理	运输总经理	运营主管	区域经理	物流分析经理	物流项目经理	数据分析经理、战略规划经理	运营主管	高职	5~8年	3~5年
III	仓管员、操作主管		单证主管	货运主管、市场主管	质量监控主管、运输主管	营销主管、运营主管	区域主管	物流分析主管	项目主管	战略规划主管	运营助理	高职	3~5年	2~3年
II	叉车司机	商品保管员、收货员、发货员	仓储单证员	货运管理、揽货员		客服人员、押运员	运营管理员	管理员				中职、高职	2~3年	1~2年
I	装卸工、搬运工					速递员、送货员						中职	1~2年	6~12月

图 B-2　物流人才职业发展的路径变化表

2. 职业能力分析

根据调查统计（表 B-3）显示，对毕业生的看法中，认为现代物流管理高职毕业生具有"具本土优势，能较快融入工作环境""适应性强、可塑性较强""职业定位较清晰，愿从基层做起"三项特点的企业共占比 69%；19% 的企业认为毕业生经过系统的专业学习，会具备一定的专业技能；18% 的企业认为毕业生比较能吃苦，做事能脚踏实地，这说明大部分企业对现代物流管理毕业生还是比较认可的。

表 B-3　企业对毕业生的基本看法

内容	总占比
比较能吃苦，做事能脚踏实地	18.00%
适应性、可塑性较强	22.00%
具本土优势，能较快融入工作环境	20.00%
具有一定专业技能	19.00%
职业定位较清晰，愿从基层做起	21.00%

调查显示，在物流管理岗位从业人员的职业素质方面，认为主动的和自觉的工作执行能力是最重要的企业占比 58%，重视员工的团队协作能力的企业占比 52%，相比之下，认为专业知识和技能非常重要的企业较少。

本调查还发现现代物流管理专业毕业生在就业企业有以下特征。大多数现代物流管理专业的学生在毕业后能够找到专业对口的工作。工作强度大、工作环境艰苦是导致跳槽的主要原因。企业更看重学生的吃苦耐劳的品质和团队协作及执行能力。大部分企业仓管员、操作主管、客服、运营主管、项目主管等基层管理人员缺口较大，但通过访谈了解到，高学历学生往往通过数月的基层锻炼能迅速进入基层管理岗位，还有一定比例的学生通过顶岗实习后一毕业就能直接从事基层管理工作，再通过 2～3 年的锻炼，综合素质能力可达到企业要求，基层管理岗位晋升到中层岗位的比例很大，并且晋升所需的时间明显比其他行业短。

四、人才培养建议

1. 学校人才培养须与社会需求协同，加强物流管理专业人才培养

在经济全球化和电子商务的双重推动下，物流业正在从传统物流向现代物流迅速转型。线上线下结合的新零售发展的深入，推动了新物流的发展。大型地产集团借助自身优势进入物流地产行业和建立物流子公司也对物流行业的发展起到

了推动作用。物流企业也越来越向专业性、精细化服务转化。现代物流管理专业的发展将向专业的宽度和广度转变，向"微专业"以培养复合型人才为目标的专业发展，借助于现代学徒制的人才培养模式，与不同类型的企业建立战略合作关系，深层次搭建产教融合平台，培养学生复合的、实际的专业技能和素养。

2. 课程开发须融合电商、营销、物联网技术知识，加强复合型人才培养

根据调研发现，复合型人才是市场的变化产生的对人才更高层次的要求，这就迫切需要高职院校将目前市场上迫切需要掌握的电商运营、市场营销、物联网技术应用等知识和技能融入课程，并就课程资源开发方面，整合各种资源，校企共同开发专业课程和教学资源，给学生创造实训实践、接触实际工作的良好资源环境，全方位推动理论联系实际，切实促进产学结合，全面提高学生的综合素质和实际应对能力，使其能在各方面迅速适应社会。

3. 实训基地建设须强化产教深度融合，强化学生工匠精神培养

现代物流管理专业在人才培养过程中，对学生的综合跨界实践能力要求较高，具体表现如下。一是校企共建实训基地，借助双高校和特高校建设，整合政行企校多方资源，充分调动企业参与的积极性，共同打造一个资源共享、产学研合作的实训基地，为学生提供一个可操作性强的实训平台。二是积极引进企业真实项目开展教学，在实践过程中，须坚持工学结合、德技并修，一方面在校企共建实训基地基础上，院校可以利用企业提供的真实环境进行实践，提高教学效果；另一方面需加强企业兼职教师对学生的培养。三是引进企业真实业务并交由学生运营，教师带领学生帮忙运营，培养学生的综合职业技能和职业素养。

4. 师资队伍建设须专兼结合，提高团队教育教学能力

目前，大部分高职院校普遍缺乏具有实践经验的专兼职教师，特别是大多专任教师没有企业实际业务运营方面的实践经验，教师参加的相关培训与会议大都停留在理论层面，难以让教师真正进入实践环节，而校外兼职教师也是在摸索中

前行，导致授课内容更多地依赖书本。因此，师资队伍建设一是要不断充实校内外教师数量，通过校企合作的方式派出校内专任教师到企业挂职锻炼，提高教学质量和水平；二是院校应出台相关政策鼓励和支持教师走进企业或是自己创业，激发教师产教研能力；三是院校出台相关政策鼓励和支持从校外知名企业聘请骨干人员作为兼职教师来校授课，将最新的技能传授给学生。

五、各类型人才的标准[①]

各类型人才的标准主要可分为 5 个阶段。

（1）1 阶段：主要培养具有必要的职业素养和基本技能的物流领域初级劳动者，可以胜任物流装卸工、搬运工、速递员、送货员等初级岗位。

（2）2 阶段：在仓储方向培养可以从事仓储商品保管、收发货管理、账务管理、叉车操作等一般技能型岗位工作的人才；在运输方向培养可从事货运领域的揽货、押运、客户服务以及初级的货运管理、运输网络管理等工作的人才。

（3）3 阶段：在仓储方向培养可以从事仓储管理、账务管理等一般管理工作的人才；在运输方向培养可从事货运管理、运输网络管理、运营管理等一般管理工作的人才；在综合物流方向培养可从事物流外包管理、物流项目操作、物流增值业务等基层管理工作的人才。

（4）4 阶段：在仓储方向培养可以负责仓储项目管理、仓储账务管理等工作的人才；在运输方向培养可负责货运代理、物流运输配送等项目管理工作的人才；在综合物流方向培养可负责物流外包、物流项目操作与管理、物流增值业务等项目管理工作的人才。

（5）5 阶段：在仓储方向培养可以负责仓储部门计划及管理等工作的人才；在运输方向培养可负责货运货代、运输网络、干线运营等部门管理工作的人才；

---

① 资料来源：北京财贸职业学院智慧物流系分级制部分研究成果。

在综合物流方向培养可负责物流外包、物流增值业务、方案设计、部门计划及综合物流管理等工作的人才。

同时在调研过程中，对不同岗位的培养规格进行了分析，总结了所需要的社会能力、岗位操作技能标准和发展能力，具体如下。

（1）1 阶段。

1）社会能力。了解工作岗位安全生产和劳动保护要求；具有仓库安全意识；在工作场所按照要求穿戴好劳保用品；能识别仓库与车辆的电气、机械、货架及货物的危险标识；了解与工作岗位相关的运输、仓储、劳动和环境保护等相关法律知识；具有理解和执行企业安全文明生产的各项规章制度的能力；具有健康的体魄，具有一定的敬业精神和社会责任感；具备基本的沟通能力，行为举止文明，能熟练运用普通话；能口头完成申请与汇报；能服从上级安排与班组成员共同完成工作任务；能够听从负责人的指导，并能与他人协作完成工作任务。

2）职业技能与操作能力。掌握搬运与装卸的工作流程与技巧；熟悉搬运作业技术要求；能够执行企业仓库作业的规范与标准；能识别托盘、货架、手动搬运设备等简单操作工具；掌握常见装卸搬运设备的操作规范，了解注意事项；了解商品属性，了解商品分类及编码常识，能够正确识别工作岗位常用标识；能够根据标识识别商品；能够依据商品属性选择搬运工具和搬运方法；能够在作业操作中使用托盘、手动搬运叉车等简单作业工具；能够正确地进行一般的搬运作业，能正确地对商品进行堆码垛；能够对操作作业进行登记和汇报；能够接受并转化信息；能够对自己的工作任务完成情况做出客观评价；能识别地图，根据订单需求确定送货路径，执行送货到门业务；能使用手持终端进行操作；熟悉货物交付客户的流程并办理交付手续。

3）发展能力。具有一定的自学能力，通过工作实践能很快熟悉工作环境、工作内容；能够自我总结搬运技巧，提高工作效率；养成工作后总结习惯；做事细致、认真；善于总结与记录工作规程，能查找相关工作信息；逐步发展在搬运作业工作中的组织能力，具有较好的执行力；能从工作实际出发提出合理化建议。

（2）2 阶段。

1）社会能力。具有仓库、运输安全意识；在工作场所按照要求自动遵守各类安全规范；掌握消防安全的基本知识与操作流程；了解仓库安全的内容及要求；会使用一般消防工具；能识别电气、机械、货架及货物的危险标识；具备安全事故的应急处理能力；了解与进出口贸易、保税、交通运输管理、仓储管理相关的政策法规；具有健康的体魄；具有一定的敬业精神和社会责任感；具有良好的职业道德和行为规范，具有健康的心理素质；了解业务发展方向，能够认真贯彻落实上级的指示决定；具备基本的沟通能力，具有良好的表达、理解、分析、动手、社交能力；具备团队协作精神，具有合作意识，能与部门其他成员共同完成工作任务。

2）职业技能与操作能力。

（a）仓储方向。掌握搬运与装卸的工作流程与技巧；熟悉搬运作业技术要求；能够执行企业仓库作业的规范与标准；能识别托盘、货架、手动搬运设备等简单操作工具；掌握常见装卸搬运设备的操作规范，了解注意事项；了解商品属性，了解商品分类及编码常识，能够正确识别工作岗位常用标识；能够根据标识识别商品；能够依据商品属性选择搬运工具和搬运方法；能够在作业操作中使用托盘、手动搬运叉车等简单作业工具；能够正确地进行一般的搬运作业，能正确地对商品进行堆码垛；能够熟练使用常见的装卸搬运设备、计量器具、存储设施、养护设备、分拣设备、包装设备等，并会简单维护，会使用各种消防器材；熟悉叉车的操作与驾驶；熟练使用手持终端进行操作；能够进行装卸、堆码、储存、分拣、包装、配载、送货等具体操作；能按仓储作业技术规范和标准执行物品收、发、保管及填表、记账、盘点对账业务；掌握仓储作业的管理流程；具有物流仓储业务管理能力，具有仓储管理流程执行能力和仓储物流操作能力；能合理进行分区分类、货位标号及堆码垛；能指导装卸搬运人员安全规范地进行作业；具有 WMS 信息系统操作能力；可执行仓储信息收集、分类、处理等业务，完成物流相关单证的填制；了解物流仓储账务管理的基本流程，能按物流单据流程执行操作指令；具有物流仓储账务操作的组织、管理、控制、考核能力。

（b）运输方向。掌握搬运与装卸的工作流程与技巧；熟悉搬运作业技术要求；能够执行作业的规范与标准；能识别托盘、货架、手动搬运设备等简单操作工具；掌握常见装卸搬运设备的操作规范，了解注意事项；了解商品属性，了解商品分类及编码常识，能够正确识别工作岗位常用标识；能够根据标识识别商品；能够依据商品属性选择搬运工具和搬运方法；能够在作业操作中使用托盘、手动搬运叉车等简单作业工具；能识别地图，根据订单需求确定送货路径，执行送货到门业务；熟悉货运管理技术规范，熟悉货物管理基本流程；熟悉货代工作流程；能够熟练使用常见的装卸搬运设备、计量器具，会使用各种消防器材；熟悉各种运输车辆特点与性能，了解车辆运输基本配载技巧与装卸流程；初步了解供应链物流服务流程和操作管理；具备获取货物中转枢纽中心的仓储场站及运输资源信息、区域物流及城市运输资源信息的能力；初步具备多种货运方式运输管理和实施能力；具备物流仓储操作和运输协调管理基础知识；掌握物流信息收集、分类、处理及发布等业务处理流程，能够完成物流相关单证的填制；熟悉报关、报检、制单流程与操作；会操作相应的货代应用软件和统计软件；会操作相应的物流应用软件和统计软件。

3）发展能力。具有一定的自学能力，通过工作实践能很快熟悉工作环境与工作内容；能够自我总结和学习相关知识与技能，提高工作效率；养成工作后总结习惯，做事细致、认真；善于总结与记录工作规程，能查找相关工作信息；逐步学会物流的系统思维能力，能从工作实际出发提出系统的合理化建议；逐步发展对仓储信息、货运信息分析与处理能力。

（3）3 阶段。

1）社会能力。掌握进出口贸易、保税、交通运输管理、仓储管理、物流管理等相关的法律法规；掌握合同法、WTO、国际商法、海事等方面的相关法律知识；掌握相关岗位安全生产和劳动保护要求；具有较强的安全意识；在工作场所按照要求自动遵守各类安全规范；了解电气、机械、自动化物流系统操作规程，具备安全事故的应急处理能力；具有安全环保与成本控制意识；具有爱岗敬业、乐于奉献的职业精神和社会责任感；具有良好的职业道德和行为规范，健康的心理素质；掌握物流行业发展方向，能够认真贯彻落实上级的指示决定；具有良好职业素养；具备良好的沟通能力，具有良好的表达、理解、分析、动手、社交能力；具备团队协作精神，具有合作意识，能组织部门其他成员共同完成工作任务。

2）职业技能与操作能力。

（a）仓储方向。掌握搬运与装卸的工作流程与技巧；熟悉搬运作业技术要求；能够执行企业仓库作业的规范与标准；能识别托盘、货架、手动搬运设备等简单操作工具；掌握常见装卸搬运设备的操作规范，了解注意事项；了解商品属性，了解商品分类及编码常识，能够正确识别工作岗位常用标识；能够根据标识识别商品；能够依据商品属性选择搬运工具和搬运方法；能够在作业操作中使用托盘、手动搬运叉车等简单作业工具；掌握仓储作业的管理流程；具有物流仓储业务管理能力，具有仓储管理流程执行能力和仓储物流操作能力；能合理进行分区分类、货位标号及堆码垛；能指导装卸搬运人员安全规范的进行作业；具有 WMS 信息系统操作能力；可执行仓储信息收集、分类、处理等业务，完成物流相关单证的填制；了解物流仓储账务管理的基本流程，能按物流单据流程执行操作指令；具有物流仓储账务操作的组织、管理、控制、考核能力。具有所属员工的人员管理能力；具有熟练的仓储管理的流程组织实施能力；具有熟练的仓储物流操作指导能力；具有熟练的物流技术操作指导能力；具有熟练的物流信息产品、物流技术与设备使用指导能力；熟悉物流单据管理流程；具有熟练的 WMS 信息系统操作能力；具有熟练组织物流单据管理与信息系统操作实施能力；具有熟练的 WMS 仓储物流信息系统操作指导能力；具有一般仓储操作事故处理与应变能力。

（b）运输方向。掌握装卸的工作流程与技巧；熟悉装卸作业技术要求；能够执行装卸作业的规范与标准；熟悉常见装卸搬运设备的操作规范及作业流程；了解商品属性，了解商品分类及编码常识，能够依据商品属性选择装卸方法；能够在作业操作中合理使用简单作业工具；初步了解供应链物流服务流程和操作管理；具备获取货物中转枢纽中心的仓储场站及运输资源信息、区域物流及城市运输资源信息的能力；初步具备多种货运方式运输管理和实施能力；具备物流仓储操作和运输协调管理基础知识；掌握物流信息收集、分类、处理及发布等业务处理流程，能完成物流相关单证的填制；熟悉报关、报检、制单流程与操作；具有一定的物流战略理解能力和执行能力，能够认真贯彻落实上级的指示决定；具有多种货运方式运输管理和资源整合能力；具有一定的综合货运代理方案设计和执行能力；熟悉物流库存管理和调度优化；了解货物中转枢纽中心的主要货种信息、货主信息和服务价格；熟悉区域及城市市场运输资源和服务价格；具有较强的市场营销和商务谈判能力；熟练操作相应的物流应用软件和统计软件；熟练操作相应的货代应用软件和统计软件。

（c）综合物流方向。能够设计简单的物流调查问卷；能够组织调查问卷和物流调查表的发放与回收；能够对调查资料进行初步分类、整理和统计分析；能够填写采购与供应订单；能够实施采购与供应计划；能够汇总订单；能够实施销售物流计划；能够收集物流数据，对物流信息进行初步分类；能够运用科学方法选择运输路线和运输工具；熟悉物流实施程序，会界定综合物流项目的具体内容，熟练分解目标任务书；并能够组织货物的装卸搬运；能够提出运费报价，能够使用和维护运输设施；能够根据配送计划选择合适的配送方式和配送工具；能够根据计划实施流通加工、包装；能够根据货物特性对货物保管进行指导；能够指导仓储设备设施的合理使用；能够指导装卸搬运设备设施的合理使用；能对物流管理执行情况进行指导；能够基本贯彻库存管理计划；能够初步分析库存状况、提出库存合理化建议、编制装卸搬运作业计划、编制仓库货物储存计划、运用运筹学和系统论基本知识制订配送计划。

3）发展能力。具有一定的自学能力，通过工作实践学习组织管理能力，提升策划与组织实施能力；在工作中，根据工作实践，善于学习相关的行业物流知识，很快熟悉该行业物流特点，把物流的一般理念与行业特点相结合；掌握物流的系统逻辑思维能力，能根据工作实践提出相关的合理化建议；在实践中发展物流项目组织运作能力、相关部门协调能力，善于利用和整合相关资源。

（4）4阶段。

1）社会能力。掌握相关岗位安全生产和劳动保护要求；具有较强的安全意识；在工作场所按照要求自动遵守各类安全规范；了解电气、机械、自动化物流系统操作规程，具备安全事故的应急处理能力；掌握进出口贸易、保税、交通运输管理、仓储管理、物流管理等相关的法律法规；掌握合同法、WTO、国际商法、海事等方面的相关法律知识；具有安全环保与成本控制意识；掌握物流行业发展方向，能够认真贯彻落实上级的指示决定，清晰了解项目商品的存储知识，掌握本工作领域的基本专业知识；具有爱岗敬业、乐于奉献的职业精神和社会责任感；具有良好的职业道德和行为规范，健康的心理素质；具备良好的沟通能力，具有良好的表达、理解、分析、动手、社交能力；具备团队协作精神，具有合作意识，能组织部门其他成员共同完成工作任务。

2）职业技能与操作能力。

（a）仓储方向。掌握搬运与装卸的工作流程与技巧；熟悉搬运作业技术要求；

能够执行企业仓库作业的规范与标准；能识别托盘、货架、手动搬运设备等简单操作工具；掌握常见装卸搬运设备的操作规范，了解注意事项；了解商品属性，了解商品分类及编码常识，能够正确识别工作岗位常用标识；能够根据标识识别商品；能够依据商品属性选择搬运工具和搬运方法；能够在作业操作中使用托盘、手动搬运叉车等简单作业工具；可执行仓储信息收集、分类、处理等业务，完成物流相关单证的填制；了解物流仓储账务管理的基本流程，能按物流单据流程执行操作指令；具有物流仓储账务操作的组织、管理、控制、考核能力；具有熟练的物流技术操作指导能力；具有熟练的物流信息产品、物流技术与设备使用指导能力；熟悉物流单据管理流程；具有熟练的 WMS 信息系统操作能力；具有熟练组织物流单据管理与信息系统操作实施能力；具有熟练的 WMS 仓储物流信息系统操作指导能力；具有一般仓储操作事故处理与应变能力；具有仓储业务管理的流程设计与组织能力；具有熟练的仓储物流管理指导能力；能深入分析业务活动情况，写出完善的书面报告；具有熟练的物流信息系统及单据流程的指导能力；能够运用信息系统进行仓储项目的管理、经营、预测，分析问题并采取相应预防措施；具有物流项目整体仓储业务的组织、管理、控制、考核能力；掌握仓储成本核算与控制、合理库存与绩效管理仓储管理能力；具有项目仓储业务操作事故处理与应变能力；具有所属员工的人员管理能力；具有一般的企业管理所需要的财务管理、客户关系管理、质量管理、市场营销等方面知识；具有组织员工培训、编写操作规范资料，培训指导仓储管理员，改善人力资源结构能力。

（b）运输方向。了解装卸的工作流程与技巧；熟悉装卸作业规范与标准；了解托盘、货架、手动搬运设备等简单操作工具；了解商品属性、分类及编码常识，能够正确识别工作岗位常用标识；能够依据商品属性制定装卸流程和搬运方法；初步了解供应链物流服务流程和操作管理；具备获取货物中转枢纽中心的仓储场站及运输资源信息、区域物流及城市运输资源信息的能力；初步具备多种货运方式运输管理和实施能力；具备物流仓储操作和运输协调管理基础知识；了解货物中转枢纽中心的主要货种信息、货主信息和服务价格；掌握物流信息收集、分类、处理及发布等业务处理流程，能完成物流相关单证的填制；熟悉报关、报检、制单流程与操作；会操作相应的物流应用软件和统计软件；具有一定的物流战略理解能力和执行能力，能够认真贯彻落实上级的指示决定；具有多种货运方式运输管理和资源整合能力；具有一定的综合货运代理方案设计和执行能力；熟悉物流库存管理和调度优化；熟悉区域及城市市场运输资源和服务价格；具有较强的市场营销和商务谈判能力；具有货运项目组织领导能力，能发挥和调动部属的积极性；具有较强的多种货运方式运输管理和资源整合能力；具有较强的综合货运代理方案设计和执行能力；熟练操作相应的货代应用软件和统计软件；具有较强的物流运输管理和资源整合能力；具有熟练的物流信息技术应用能力和数据分析能力；具有熟练的中文及外语文字表达能力和计算机操作能力。

（c）综合物流。能够拟定调研方案，设计物流调查问卷，组织调查问卷和物流调查表的发放与回收，对物流调查资料进行整理和统计分析，对物流调查结果进行评估与预测，撰写物流调查报告；能够制订采购与供应物流计划并组织实施；能够对供应商进行公共关系管理；能够制订销售物流计划、汇总订单、组织实施及能够进行客户关系管理；能够收集物流数据，对物流信息进行分类；能够编制物流信息分析报告；能够选择物流软件，使用物流软件进行物流管理；熟悉物流实施程序，会界定综合物流项目的具体内容，熟练分解目标任务书；能够组织货物的装卸搬运；能够提出运费报价，能够使用和维护运输设施；能根据配送计划选择合适的配送方式和配送工具；能够根据计划实施流通加工、包装；能够制订综合物流方案并对项目进行综合分析与控制；能够根据货物特性对货物保管进行指导；能够指导仓储设备设施的合理使用；能够指导装卸搬运设备设施的合理使用；能对物流管理执行情况进行指导；能够基本贯彻库存管理计划；能够初步分析库存状况、提出库存合理化建议、编制装卸搬运作业计划、编制仓库货物储存计划、运用运筹学和系统论基本知识制订配送计划；能够设计增值服务的项目，制订流通加工计划，对货物的交付期进行管理；能够汇总物流成本数据，计算物流成本，并对物流成本进行分析；能够编制单项物流培训计划，能够对仓储主管、运输主管、物流主管进行业务指导。

3）发展能力。具有较强的自学能力，具有学习和掌握新知识和新技术的能力，具有一定的创新能力；能够独立开展工作，通过实践提升组织管理能力和策划与实施能力；根据工作需要，能够自学的行业物流知识，很快熟悉该行业物流特点，把物流的一般理念与行业特点相结合，并有所创新；掌握物流的系统逻辑思维能力、能根据工作实践提出相关的合理化建议；在实践中发展物流项目组织运作能力、相关部门协调能力，善于利用和整合相关资源。

（5）5 阶段。

1）社会能力。熟悉相关岗位安全生产和劳动保护要求；具有较强的安全意识；在工作场所按照要求自动遵守各类安全规范；熟悉电气、机械、自动化物流系统操作规程，具备安全事故的应急处理能力；熟悉进出口贸易、保税、交通运输管理、仓储管理、物流管理等相关的法律法规；掌握合同法、WTO、国际商法、海事等方面的相关法律知识；具有良好的安全环保与成本控制意识；具有创新精神和团队合作精神；具有爱岗敬业、乐于奉献的职业精神和社会责任感；具有良好的职业道德和行为规范，健康的心理素质；掌握物流行业发展方向，能够认真贯彻落实上级的指示决定；清晰了解项目商品的存储知识，掌握本工作领域的基本专业知识；具备良好的沟通能力，具有良好的表达、理解、分析、动手、社交能力；具备团队协作精神，具有合作意识，能组织部门其他成员共同完成工作任务。

2）职业技能与操作能力。

（a）仓储方向。掌握搬运与装卸的工作流程与技巧；熟悉搬运作业技术要求；能够执行企业仓库作业的规范与标准；了解商品属性，了解商品分类及编码常识，能够正确识别工作岗位常用标识；能够根据标识识别商品；具有熟练的物流技术操作指导能力；具有熟练的物流信息产品、物流技术与设备使用指导能力；熟悉物流单据管理流程；具有熟练的 WMS 信息系统操作能力；具有熟练组织物流单据管理与信息系统操作实施能力；具有熟练的 WMS 仓储物流信息系统操作指导能力；具有一般仓储操作事故处理与应变能力；熟悉现代企业管理；具有较强的战略理解能力和执行能力；具有较强的组织领导能力，能发挥和调动部属的积极性；具有仓储业务管理的流程设计与组织能力；具有熟练的仓储物流管理指导能力；能深入分析业务活动情况，写出完善的书面报告；具有熟练的物流信息系统及单据流程的指导能力；能够运用信息系统进行仓储项目的管理、经营、预测，能够分析问题并采取相应预防措施；具有物流项目整体仓储业务的组织、管理、控制、考核能力；掌握仓储成本核算与控制、合理库存与绩效管理、仓储管理能力；具有项目仓储业务操作事故处理与应变能力；具有所属员工的人员管理能力；具有一般的企业管理所需要的财务管理、客户关系管理、质量管理、市场营销等方面知识；具有物流项目整体仓储业务的组织、管理、控制、考核能力。

（b）运输方向。熟悉搬运与装卸的工作流程及作业要求；熟悉装卸设备与运输装备；掌握常见装卸与运输设备的操作规范，了解注意事项；了解商品属性，了解商品分类及编码常识，能够正确识别工作岗位常用标识；能够根据标识识别商品；了解货物中转枢纽中心的主要货种信息、货主信息和服务价格；掌握物流信息收集、分类、处理及发布等业务处理流程，能够完成物流相关单证的填制；熟悉报关、报检、制单流程与操作；会操作相应的物流应用软件和统计软件；熟悉物流库存管理和调度优化；熟悉区域及城市市场运输资源和服务价格；具有较强的市场营销和商务谈判能力；具有货运项目组织领导能力，能发挥和调动部属的积极性；具有较强的多种货运方式运输管理和资源整合能力；具有较强的综合货运代理方案设计和执行能力；熟练操作相应的货代应用软件和统计软件；熟悉现代企业管理；具有较强的战略理解能力和执行能力；具有较强的海运、河运、陆运、铁运、空运货代从业经验（至少两方面）和管理能力；具有较强的供应链物流仓储、运输规划、运输资源整合和协调管理能力；熟悉物流信息技术应用和数据分析；具有较强的中文及外语文字表达能力和计算机操作能力；具有较强的物流运输规划和管理能力；具有较强的物流运输资源整合和协调能力。

（c）综合物流。能够设计并组织实施物流市场调研；能够对物流调查结果进行评估与预测，撰写物流调查报告；能够制订采购与供应物流计划并组织实施；能够对供应商进行公共关系管理；能够制订销售物流计划，汇总订单、组织实施及能够进行客户关系管理；能够制定采购战略、管理供应商资源、选择采购模式；能够制订运输、仓储、分拨计划等综合实施方案；能够主持物流外包谈判；能够对物流信息进行收集、分类、分析；能够选择物流软件，使用物流软件进行物流管理；能够对物流信息系统的设计方案进行改进；熟悉物流实施程序，会界定综合物流项目的具体内容，熟练分解目标任务书；能够组织货物的装卸搬运；能够提出运费报价，能够使用和维护运输设施；能够根据配送计划选择合适的配送方式和配送工具；能够根据计划实施流通加工、包装；能够制订综合物流方案并对项目进行综合分析与控制；能够根据货物特性对货物保管进行指导；能够指导仓储设备设施的合理使用；能够指导装卸搬运设备设施的合理使用；能对物流管理执行情况进行指导；能够基本贯彻库存管理计划；能够初步分析库存状况、提出库存合理化建议、编制装卸搬运作业计划、编制仓库货物储存计划、运用运筹学和系统论基本知识制订配送计划等；能够设计增值服务的项目，制订流通加工计划，对货物的交付期进行管理；能够汇总物流成本数据，计算物流成本，并对物流成本进行分析；能够编制单项物流培训计划，能够对仓储主管、运输主管、物流主管进行业务指导；具有较强的物流需求分析、资源评价趋势预测能力；熟悉现代企业管理；具有较强的战略理解能力和执行能力；具有较强的组织领导能力，能发挥和调动部属的积极性；能够制订并优化综合物流方案，全面协调与管理仓储与运输资源；能够对物流园区、物流中心、配送中心、货运枢纽等物流节点进行规划与布局；能够进行物流网络的设计和优化，优化物流方案，规划信息系统，设计搬运系统，协调指导物流规划方案的实施。

3）发展能力。具有较强的自学能力，具有学习和掌握新知识和新技术的能力，具有一定的创新能力；能够独立开展工作，有较强的组织管理能力和策划与实施能力；能根据工作实践提出合理化建议；具有较强的组织运作能力、协调能力，善于利用和整合资源。

（6）6 阶段。

1）社会能力。具有职业教育 5 阶段的社会能力基础上，在以下方面进行深化。熟悉进出口贸易、保税、交通运输管理、仓储管理、物流管理等相关的法律法规，并能有效应用于工作中；掌握物流行业发展方向，能够抓住机遇制定正确发展战略；具备极强的沟通能力，具有主持谈判的能力；具备领导素质；具有处理复杂问题和突发事件能力；爱岗敬业、乐于奉献，具有开拓创新精神和市场竞争意识；具有良好的职业道德和行为规范，健康的心理素质。

2）职业技能与操作能力。熟悉物流技术与装备；熟悉商品属性、商品分类及编码常识，熟悉物流单据管理流程；熟悉 WMS 信息系统；能够运用信息系统进行仓储项目的管理、经营、预测，分析问题并采取相应预防措施；具有仓储业务管理的流程设计与组织能力；具有熟练的仓储物流管理指导能力；能深入分析业务活动情况，写出完善的书面报告；具有物流项目整体仓储业务的组织、管理、控制、考核能力；掌握仓储成本核算与控制、合理库存与绩效管理、仓储管理能力；具有项目仓储业务操作事故处理与应变能力；具有所属员工的人员管理能力；能够基本贯彻库存管理计划；能够初步分析库存状况、提出库存合理化建议、编制装卸搬运作业计划、编制仓库货物储存计划、运用运筹学和系统论基本知识制订配送计划；了解货物中转枢纽中心的主要货种信息、货主信息和服务价格；掌握物流信息收集、分类、处理及发布等业务处理流程，能够完成物流相关单证的填制；熟悉报关、报检、制单流程与操作；熟悉相应的货代应用软件和统计软件；熟悉物流信息技术应用和数据分析；熟悉物流库存管理和调度优化；具有货运项目组织领导能力，能发挥和调动部属的积极性；具有较强的海运、河运、陆运、铁运、空运货代从业经验和管理能力；熟悉区域及城市市场运输资源和服务价格；具有较强的市场营销和商务谈判能力；具有较强的多种货运方式运输管理和资源整合能力；具有较强的综合货运代理方案设计和执行能力；具有较强的供应链物流仓储、运输规划、运输资源整合和协调管理能力；具有较强的物流运输规划和管理能力；具有较强的物流运输资源整合和协调能力；能够设计并组织实施物流市场调研；能够对物流调查结果进行评估与预测，撰写物流调查报告；能够制订采购与供应物流计划并组织实施；能够对供应商进行公共关系管理；能够制订销售物流计划，能够进行客户关系管理；能够制定采购战略、管理供应商资源、选择采购模式；能够制订运输、仓储、分拨计划等综合实施方案；能够主持物流外包谈判；能够选择物流软件，使用物流软件进行物流管理；能够对物流信息系统的设计方案进行改进；熟悉物流实施程序，会界定综合物流项目的具体内容，熟练分解目标任务书；能够设计增值服务的项目，制订流通加工计划，对货物的交付期进行管理；能够汇总物流成本数据，计算物流成本，并对物流成本进行分析；能够编制单项物流培训计划，对仓储主管、运输主管、物流主管进行业务指导；能够制订并优化综合物流方案，全面协调与管理仓储与运输资源；能够对物流园区、物流中心、配送中心、货运枢纽等物流节点进行规划与布局；能够进行物流网络的设计和优化，优化物流方案，规划信息系统，设计搬运系统，协调指导物流规划方案的实施；具有较强的物流需求分析、资源评价趋势预测能力；具有熟练的中文及外语文字表达能力和计算机操作能力；熟悉人力资源管理；熟悉现代企业管理；具有较强的战略理解能力和执行能力；具有丰富的供应链物流管理理论知识和实践应用经验；具有较强的战略掌控能力和良好的资源协调能力；具有较强的供应链物流服务管理、指导能力。

3）发展能力。战略性思维、创新能力；具有组织管理能力和策划与实施能力；具有组织运作能力、协调能力，善于利用和整合资源。

附录 C 教学方法

教学方法的主要目标是培养学生的某一项能力，而不是单纯为了教学方法本身或者让学生参与学习。过分强调教学方法本身并不可取，不要为了方法而设计方法，要灵活使用方法，要注意培养学生的专业能力。接下来以胡格培训过程中应用的方法为例进行介绍。

一、教学活动设计方法

1. 六步法——能力为本位的学习过程设计

六步教学法主要将教学环节分成六步完成，"六步"具体由"资讯、计划、决策、实施、检查、评估"这一完整的"行动"过程序列组成，每个环节都有不同的任务分配和时间要求，学生通过教师的引导，独立完成教学任务。

（1）资讯：学生根据任务单，独立了解任务和问题，独立寻找解决办法。教师是信息的提供者，学生自主阅读、分析信息，教师可以适当进行解释说明，但不讲授。

（2）计划：学生独立或与其他成员合作制订计划，寻找解决办法，培养沟通能力、分析能力，教师的角色是观察者、旁观者。

（3）决策：学生设想解决办法并向组员和教师汇报计划。教师的角色是参与者、倾听者，教师不纠正错误，只听取学生决策的汇报，若发现问题，教师不能直接否定学生的决策行为，而是应该让学生继续错误的决策，让其表达完毕。

（4）实施：学生用刚学到的知识解决问题，教师除了涉及安全问题的情况外，不要轻易介入学生的实施过程，教师的角色是观察者。

（5）检查：检查即自我监控，学生将实际结果和理论结果进行比较，教师的角色是观察者，即使学生前期出现决策错误和实施错误，教师也不能轻易介入。

（6）评价：学生自我评价和分析结果，教师的角色是参与者，和学生一起讨论什么阶段没有做好，哪些错误是可以规避的，出现错误的原因是什么。教师指导学生发现错误出处及学习如何避免此类错误。该步骤对过程进行反思，而不是对结果进行检查。

选择学习任务时，教师应该注意不要选择危险性比较大的任务项目。教师要对学习情境进行非常系统的准备，并仔细决策和选择。

注意：

（1）六步法是在实践中逐步形成的，也要在持续实践中进行必要的改进。

（2）没有不可能的事情，所有的不可能都会找到相应的解决方法。

（3）要不断地思考，发现解决问题的可能方法。

（4）此方法可以在机械、汽修、幼教等多个专业使用。

（5）解决问题的过程就是不断发展的过程。

非专业能力有些是需要通过特殊的教学活动才能实现的，日常正常的工作中无法实现这些非专业能力的培养。

2. 扩展小组法

（1）阶段一：独立工作，独立思考并写出答案。

（2）阶段二：2～3 人合作，和同伴讨论，对共同的结果进行筛选。

（3）阶段三：4～6 人小组合作，和同伴讨论，对共同结果进行筛选，找到共同答案。

（4）阶段四：6～8 人小组合作，和同伴讨论，对共同结果进行筛选，写出共同答案。

注意：最大的小组人数不宜超过 8 人，人数多时应增加小组的数量。

3. 轴承法

（1）阶段一：半数学员在内圈，半数学员在外圈，一对一、面对面，内圈学员向外圈学员说明学习文本的体会。限时完成。

（2）阶段二：内圈学员逆时针移动 5 个位次，外圈学员向内圈学员说明学习的心得体会。限时完成。

（3）阶段三：外圈学员顺时针旋转 3 个位次，内外圈学员自由谈论学习心得体会。限时完成。

注意：双方要进行眼神交流，不要只是讲话，注意观察听者的反应，必要时可以做记录和总结。使用该方法可以消除学员表达自己认识时的尴尬状态，同时这种方法能够锻炼学生"倾听"的能力，不过该方法的实施需要漫长的训练过程。

陈述顺序和内外圈旋转角度可以根据实际学员数量进行灵活调整。特别是要考虑到部分学生可能惧怕先发言，需要让学生感觉到随机性，让学生愿意参与这样的学习方式。实际应用时，如果教室环境不允许或者人数较多，可以让学生站成两列，然后轮换位置。

4. 关键词卡片复习法

请学员（学员由老师决定）解释（复述而非照读，可以查阅资料）随机抽中的卡片上的关键词，每组抽取一张。所有人对其评价并补充答案。

教师在选取抽取卡片的学员时是带有倾向的，教师会根据需要"刻意安排"某些学员抽取卡片。教师对学员的行为做"激励式点评"，表扬学员的有益行为。当学员对其他学员的总结进行补充时，若补充不全面，教师应对解释中的问题进行进一步说明。

使用"卡片"的作用在于让进行解释的学员有心理上的依赖感，能够有明确的目标和主题。第一次使用这种方法的时候，教师要进行示范，给学员一定的准备时间。

5. "盲盒"沟通法

一个学生伸手摸箱子里的物品并进行描述，其余学员根据描述画出 3D 立体图形并进行猜测，此过程中不允许提问题。"盲盒"沟通法是一种沟通能力和沟通方式的训练方法，第一次使用这种方法的时候，教师要进行示范，示范的示例如下。

【例 1】物品描述：这是个简单的形状；这是个三棱柱，两个底面是等边三角形；三角形边长 4 厘米左右，高 12 厘米左右。

点评：第一句话和学生认知无关，定义为"简单"是基于老师自己的认识，没有站在学习者的角度考虑；第二句话使用了专业名词和概念，没有考虑到学习者不同的认知基础，是否具有对同样概念的理解基础，应该使用对于学生而言比较生活化的例子向学生进行描述，或者选用身边可见的东西进行比喻，应该使用学生已有知识和经验对学生实施教学；第三句使用精确的数字表达是比较有价值的。

【例 2】物品描述：像是教室里的音箱一大一小摆在一起，拼在一块儿，小音箱中间镂空成一个圆柱形，像小汽车没有轮子，但上面是有一个镂空的圆柱形。

点评：教师单方向传授严重影响沟通理解的有效性，学员间彼此交流对获得正确信息会有帮助。教师如果只以自己为出发点进行描述，学生无法理解这些信息，应该以学生为出发点进行传授。

反思：教师认为自己讲清楚了，学生是否真的听明白了？是否真的理解了？教师是否使用了学生易于理解的、生活化的例子？

这个方法还可以有多个升级版本，例如限定语句的个数，使用英语或其他方式等，训练学生的沟通表达能力。

6. 阅读训练、关键词教学法和伙伴搭配法

第一步：阅读（规定好时间，如 10 分钟）。

假如分 A、B 两组，各阅读一段不同文字，每段文字有不同的关键词卡片，示例如下。

A 组：三明治原则——关键词：三明治原则、独特的思维、新知识融合、不同的学习阶段、内部语言、学习成果。

B 组：告知式教学与构建式教学——关键词：发送者与接收者、建构主义、提问、主观建构、指示的转化、保证理解。

第二步：分发关键词，再次阅读，使用关键词向其他人进行解释说明。

第三步：同伴之间使用关键词进行讨论，分析关键词与文章内容之间的关系。

第四步：合作学习和伙伴搭配。

（1）要求学伴之间进行文章解释（A、B 两组学员结对子，交换信息）。

（2）学员站起来寻找非临近学伴。

（3）A 把自己的关键词卡片依次交给 B，向 B 解释文章内容；B 依次返还关键词卡片，向 A 解释对 A 文章理解，A 在此过程中进行修正补充。

（4）B 把自己的关键词卡片依次交给 A，向 A 解释文章内容；A 依次返还关键词卡片，向 B 解释对 B 文章理解，B 在此过程中进行修正补充。

注意：

（1）学伴互相解释关键词的时候，只要学生有合适的学习效果，教师不要轻易参与和打断学生的交流学习过程。

（2）方法运用重在培训学生的学习过程，并不重在学习者陈述的结果，可以用其他方式进行评价。

（3）教师应该注意学生阅读信息的难度，难度过大会影响学习者的掌握情况。

（4）传统教学的理念是学生在课堂上安静地坐着，按照一定规则举手回答问题，在这种教学模式下，学生往往会抱怨课堂无聊，因此这一现状需要改变。学生在前期使用这种方式的时候，会感觉老师不再重要，甚至会误认为老师不负责任，因此教师需要对此进行解释，告诉学生这种方法的作用。

（5）在对一组学生的教学中，如果不同的老师持有不同的教学理念（有的创新、有的不创新），使用不同的教学方式（有的传统、有的使用了新的方式），这时候会造成学生的混乱，久而久之会造成改革不能进行下去，教学又退回到原来的传统方式。因此需要所有的团队教师都要运用新的教学方法，贯彻新的教学理念。

7. 扑克牌复习法

（1）游戏准备：使用 2 张 A4 纸，分别裁成两半，得到 4 张答题卡片（扑克牌）。将对教学内容的提问写在正面，把答案写在反面（卡片数量可以增加以复习更多的内容）。每人分得一定数量的扑克牌。

（2）游戏开始：从非邻座的伙伴中找一位学伴，两位之间互相提问对方一个问题，回答正确得到扑克牌，回答不正确得不到扑克牌，同伴需要对错误的答案进行纠正和讲解。

（3）游戏的赢家是获得扑克牌最多的学习者。手上没有扑克牌的学习者将被淘汰。

（4）扩展：可以组成三人复习，一人提出问题，其他人回答。

8. 三人小组法

三人小组法的基本思路：在三人小组中进行不同主题的学习并互相介绍信息。实施过程具体如下。

（1）全体人员被划分为多个三人组。每个三人组获得九张不同的图片（每个成员各三张）。三个成员（A、B、C）必须以个人工作的方式分别对三张图片（物体）进行描述。

（2）过一段时间后，A 向 B 讲述他的图片，C 在此期间倾听。下一步由 B 将之前 A 所述的内容讲给 C，A 倾听并同时进行纠正。

（3）当第一批的三张照片在三人组中交流过后，C 向 A 讲述其照片，B 倾听。在此基础上 A 向 B 讲述从 C 处听来的内容。

（4）最后由 B 向 C 讲述其图片，接着由 C 将听到的内容描述给 A。

注意：

（1）初级阶段：大家看着图片表格进行讲述和倾听，图片表格要事先分给每一个人。

（2）高级阶段：只有陈述者看着图片表格，其他人不看图片表格进行倾听，图片表格的讲述也是随机抽取的。

（3）教学目的：训练学习者的倾听、讲述、理解能力和专注度。

（4）要求：实施期间学习者不要使用手机。

（5）技巧：图片表格中设置一些学习者不熟悉的内容，激活他们的思维。

9. 小组决策法——无领导小组讨论教学法

此处借助于荒野求生案例来说明此方法的实施过程。将学生按 5～6 人分成一个小组，每名成员单独阅读材料，自行决策，小组讨论最终得到共同结果，不允许个人主导，不允许不记名投票。案例信息如下。

如何在荒漠困境中求生。您的"生"或"死"取决于您的小组针对相对不熟悉的问题共享知识的能力，这个结果将决定您和您的团队是否能够存活。请您通读下列情境并在没有和小组商谈的情况下，开始在"第 1 步"中填入您的决策。

情境：这是 6 月中旬的一天，早上大约 10 点，您在美国西南的索诺拉沙漠经历了一次坠机事件，两个发动机连同驾驶和副驾驶位置已完全烧毁，仅剩下机舱部分。乘客均没有受伤。驾驶员未能在坠机前通过无线电向任何人发出通知，但他在坠机前告知了乘客飞机的一般位置。您现在处在位于最近机场的南部偏西110公里的地方，大约偏离了计划航线100公里。附近的环境十分平坦，除了几个空桶和仙人掌外，环境看起来相当荒芜。最近的天气预报说今天的空气温度将达到40度，地面温度达到50度。您穿着夏装（短袖衬衫、裤子、短袜和散步鞋），每个人都有一条手绢。您的包里总共有硬币5.5块，钞票195块，一盒香烟和一支圆珠笔。夜里沙漠中的地面温度会降至0度，没有定位系统的帮助人们只能原地转圈。

任务：在飞机着火前，您的小组有机会抢救出如下所述的15样物品（具体物品见表C-1）。您的任务是根据对您逃生的重要性对这些物品进行排列，1号为最重要，15号为最不重要。

您可以假设逃生的人数恰好是您小组成员的人数，您处于上面所述的位置，小组决定一起活下来，所有的东西状况良好。

第1步：每个小组成员必须自己对物品的重要性进行顺序排列。请不要相互讨论问题，直至每个小组成员确定了自己的顺序排列。（约10分钟）

第2步：在每个人确定了自己的顺序排列后，请在小组中讨论并制订出共同的顺序排列方案。一旦开始在小组中讨论就不允许对个人的排列顺序进行更改。（大约20分钟）

（1）小组决策规则。小组决策规则分为"不该做"和"应该做"两个部分。

1）不该做。

● 不要进行投票表决：投票表决会使小组划分成赢家和输家，并在即使有其他可能性的情况下，也会促使"要么甲要么乙思维"的产生。投票表决会导致发生不必要的争论，而且不是理性的讨论，并最终破坏小组的决策。

- 请不要早早达成快速或草率的一致意见或妥协，这样通常基于错误的假设，因此应当详细地进行讨论。
- 避免无谓的个人竞争思想，在这种情况下要么全组逃生要么无一幸存。

2）应该做。

- 倾听并认真权衡他人的想法，这一行为对每个团队的成功至关重要。
- 请尝试将根本的想法开诚布公地说出来并在团队里进行讨论。
- 鼓励其他人，特别是不积极的人，将其想法表达出来，请始终考虑到小组需要所能获得的每一个信息。

当小组中每一个成员都能说出以下的话的时候："好吧，即使并不完全是我所想要的。我能够接受这个决定并表示支持。"小组便达成了一致。这并不意味着每个小组成员必须百分之百同意，而是达成了原则上的认同。

当每一个人都能对决策进行反驳后，这种决策方式要比其他所有方法更难。正因如此，其结构也更有效。因为小组必须从比问题更多的角度进行探讨，因此为了获得更多的信息，达到高度的透明及获得最好的解决办法，要对不同的想法进行处理。具体的决策步骤见表 C-1。

表 C-1　决策步骤

物品	第1步	第2步	第3步	第4步	第5步	第6步
	您的个人顺序	小组的顺序	第1步和第2步之间的偏差	教授专家（NASA）的顺序	第1步和第4步之间的偏差	第2步和第4步之间的偏差
1个手电筒和4节电池						
1把大折叠刀						
1张该区域的航空图						
1件胶雨衣						
1个指南针						

续表

物品	第1步 您的个人顺序	第2步 小组的顺序	第3步 第1步和第2步之间的偏差	第4步 教授专家（NASA）的顺序	第5步 第1步和第4步之间的偏差	第6步 第2步和第4步之间的偏差
1 箱包装完好的消毒绷带						
1 把 15 毫米口径的手枪						
1 个降落伞（红／白）						
1 瓶盐片（1000 片）						
每人 1 升水						
1 本关于沙漠可食用动物的书						
每人 1 副太阳镜						
2 升高度伏特加酒						
每人 1 件外套						
1 个化妆镜						

（2）专家解题。一位研究沙漠求生问题的专家在搜集了无数事件和生还者资料后，得出以下结论。

1）化妆镜。在各项物品中，镜子是获救的关键。镜子在太阳下可产生相等于七万支烛光的亮度；如反射太阳光线，在地平线另一端也可看见。只要有一面镜，获救机会增加到 80%。

2）外套。人体内至少有 40% 是水分，流汗和呼吸会使水分消失，保持镇定可减低脱水速度。穿外套能减少皮肤表面的水分蒸发。如没有外套，维持生命的时间便减少一日。

3）水。如有化妆镜和外套两项物品，可生存三天。水有助减低脱水速度，口渴时，饮水可使头脑清醒，但请注意一旦身体开始脱水，直接饮水也没有多大作用。

4）手电筒。手电筒是在晚上最可靠的工具。有了化妆镜和手电筒，24 小时都可发出讯号，而且可用电筒做反光镜或引火之用。

5）降落伞。可用降落伞遮阴和发出讯号，例如用仙人掌做营杆，降落伞做营顶，可使温度降低 20 度。

6）大折叠刀。大折叠刀可切碎仙人掌或切割营杆，也有其他用途，此物品可排于较前位置。

7）胶雨衣。胶雨衣可做集水器，在地上掘一个洞，用雨衣盖在上面，再在中间放一小石块，使之成漏斗形，日夜温度差距可使空气中的水分附在雨衣上然后将雨衣上的水滴储存在电筒中，这样做一天可提取 500 毫升的水。

8）手枪。在沙漠中的第二天之后，说话和行动已很困难，弹药有时可做起火之用，枪柄可作为槌子，手枪也可用来发射国际求救讯号（连续三个短的符号）进行呼救。无数求生者因为不能出声而没有被发现，从而错过获救机会。

9）太阳镜。在猛烈阳光下会有光盲症，用降落伞遮阴可避免眼睛受损，但用太阳镜更舒适。

10）消毒绷带。沙漠湿度低，传染病较少，但身体脱水会使血液凝结。有事例纪录，有一男子身体内失去水分，身上的衣服已撕破，他倒在仙人掌和石头上，满身伤口但没有流血。后来他获救饮水后，伤口再度流血。消毒绷带可当绳子或包扎保护之用。

11）指南针。除用其反射面发送讯号外，指南针并无用处，反而可能导致人离开失事地点产生危机。

12）航空图。可用作起火或当作厕纸，也可用以引导人走出沙漠。

13）书。可用作起火或当作厕纸，也可提供一些沙漠知识。

14）伏特加酒。剧烈的酒精会吸去人体水分，更可致命，它只能用来暂时降低体温。

15）盐片。人们通常会过分高估盐的用途，其实如果血液内盐分增加，同时也需要大量的水以降低身体内的含盐量，从而导致浪费本就稀缺的水资源。

在活动结束后要让学生计算个人意见与小组意见的差值、个人意见与专家意见的差值、小组意见与专家意见的差值。在通常情况下可以发现小组意见在绝大多数情况下会好于个人意见，小组意见的偏差更小。小组决策法适用于刚入学的学生，让学生理解团队协作的重要意义。

10. 卡片法

卡片法要求学生使用卡片写出今天的心情感受和对今天学习内容的疑问，张贴卡片并进行口头说明。

注意：

（1）如果部分学生没有按照教师的要求完成工作，教师不应凭此责备学生，而应反思是否是自己没有清晰地布置任务，让学生理解。

（2）张贴卡片时有的学生亲自上前，有的就请别人代劳——课堂中应该多让学生自己行动，而不是请别人代替。

（3）教师应注意学生口头表达心情，学生表达心情对教师来说是重要的信息，可以根据学生的心情对教学策略进行调整。

（4）这种交流应该成为一种惯例或仪式，使教师每次都可以了解学生的感受和想法，根据学生的状况完成课堂教学实践。

（5）该方法的使用频率每日一次为宜。

（6）教师应向对该方法表现厌倦的学生说明此项工作对促进师生之间沟通的积极作用，对于实在不愿意参与的学生可以不参加，但是这种方式需要持续进行，具体实施时方式可以灵活。教师不应强迫学生参与交流活动，但可以在课下和不积极参与的学生交流讨论活动的作用和意义，不愿参与的学生不应当影响其他学生参与活动。

11. 倒立法

第1步：提出倒立问题。对所选的主题提出倒立问题。

第2步：找到解决办法。请学生写出尽可能多地针对倒立问题给出回答和解决建议。

第3步：寻找对立的解决办法。针对倒立问题的解决办法和回答寻找相反的解决方式和相反的回答。

第4步：请全体成员在小组中讨论相反的解决办法并对此进行评价。

12. 案例研究法

案例研究流程的环节如下。

（1）讨论：采用教师讲授的形式介绍初始情境，也可以让学生自己获取关于现有问题的信息，关键是让学生对问题情境进行理解把握。

（2）获取信息：学生们获取有关当前主题的信息，并对其进行分析评价。合理提供的信息资料会对此有所帮助，也可以安排适当的互联网查询通道。

（3）探讨：学生们可以通过头脑风暴或书面头脑风暴的方式找出不同的解决方法。但在该阶段还不需要对具体的解决方案进行讨论。

（4）决策：对所展示的各种解决方案的优缺点进行比较，之后进行决策。此类决策可以通过一个讨论会来进行，或者在进行有效值分析之后予以决策。

（5）决策答辩：学生在全班同学面前展示决策方案，针对其他学生提出的各种异议进行答辩。

（6）比较：此环节的一种方式是与针对类似问题的真实决策进行比较，另一种方式是在讨论范围内进行比较。

案例研究法的作用：为生活提供实际帮助；能够独立发现客观联系；引导独立思考；提升决策的乐趣；提高创造力和决断力。

示例描述：将所期望的学习过程围绕着一个具体的案例为中心展开，具体的个案例可以是一家企业与其他企业相比某种货物的库存期过长，针对此问题学生们应当找出哪些因素会影响库存期，解决问题并做出如何缩短平均库存期的所有可能决策。

学生们必须对该案例进行收集信息、分析、摆出事实、解决问题、得出分析结果并进行决策。在此过程中最为重要的是要在多种可能性之间做出决策。

案例研究的设计不应当有明确的单一解决方案，这样的案例研究不适合用于理论知识的讲授。

案例研究法的要求与组织形式如下。

（1）要求。

1）情境关联性：案例研究应具有实践的真实关联性。

2）易懂性：案例研究的内容结构应当对于相应的学生群体是明白易懂的。

3）学科相关性：专业内容应能够迁移至其他情境。它们应当能够让人们从中提取普遍适用性。

4）意义性：案例研究的问题设定应当建立在已有的知识和经验基础上并与之联系起来。

5）行动关联性：案例的设计应当能够让学生们面向实践展开行动，应当对学生们的结合实际与独立自主的行动起到促进作用。

（2）组织形式。

1）小组工作或全体工作——讨论。

2）小组工作或个人工作——获取信息。

3）小组工作——探讨。

4）小组工作——决策。

5）全班工作——决策（答辩）。

6）小组工作或全体工作——比较。

注意：案例研究最终的结果通常比较有确定性，学生只是从不同角度进行分析。

示例案例：一家企业想在北京城区边缘建立一座中心仓库。仓库计划存储食品、工业产品及厨房电器。由于附近建有一个火车站，因此有公路和铁路等交通运输网。受委托对新仓库进行规划的员工需要排除新仓库规划所产生的一切障碍，请给出具体的指示如何对货物的接收、仓库内的运输、仓库设施、拣货及出库进行设计。这些工作要在规定的时间内进行，以便新仓库能顺利建造。

13. 项目教学法

项目教学法可以训练学生们学习自主解决问题、胜任新的情境的能力，促进工作任务的自主规划，提升独立获取信息和分析信息的能力以及对所给出情境的规划与判断能力，最终通过该方法开展以结果为导向的工作。该方法的优点是让学生们在项目执行过程中独立自主地工作。在此方法中，教师的行为也要改变，教师变成了咨询者并伴随小组的工作过程。

例如，一家物流企业想落户于一个集装箱港口，这时就要做出有关送达的集装箱的各种可能性的决策，如所提供面积的使用率、企业内部货物运输、仓库容积、产生的成本或货物的发送等。

项目教学法的准备工作通常包括项目意图启动（由教师来进行）、提供信息资料、提供展示材料与媒体。

（1）流程环节。

1）项目启动：由教师或一名学生介绍项目目的。对该目的的描述应具有开放性和趣味性，与学生的需求和兴趣相匹配。

2）项目简要设计：学生们绘制一个项目流程的草图，此环节无需确定项目计划。

3）项目计划：学生们制订一个确定的工作和时间计划。该计划将起到在目标达成过程中的自我检查作用。该计划包含了如何完成以及完成哪些任务的内容。项目计划特别规定了由哪些人承担哪些子任务，同时也包含了所需要的可能的辅助工具和资料，项目计划表如图 C-1 所示。

项目目标			
任务分工			
工作	谁	何时	完成
辅助工具			

图 C-1　项目计划表

4）项目执行：学生们在一段较长的时段内制作出项目的结果。该环节属于自主学习，过程中要约定项目节点，学生举行有关项目现状的中期汇报，在必要的情况下，教师可以介入项目工作，在需要时可以给予帮助，以便学生获得方向性指导。同样各小组之间也可以彼此讨论达成共识。

5）项目收尾：由学生对项目产品进行展示。

6）项目评价：项目产品展示后要对项目进行评价，同时还要进行反思和回顾。

（2）组织形式。

1）全体工作——项目启动和简要设计。

2）同伴工作，小组工作或全体工作——项目计划。

3）小组工作——项目执行。

4）小组工作——项目收尾。

5）全体工作——项目产品展示、评价、反思与回顾。

项目设计的特征见表 C-2。

表 C-2　项目设计特征

特征	具体内容
情境关联性	情境的设计应当与真实的生活相关，并适合从中获取经验
参与者	项目主题必须围绕参与者的兴趣
目标导向	项目教学应朝着一个目标开展工作。项目的规划应包括工作步骤的顺序、工作任务的分工、时间的管理、项目的产出及相关的展示
实践相关	应考虑项目的结果对哪些对象人群有使用价值和启发性
自我组织，自我负责	学生对项目的内容、设计和组织进行自主负责
合理性	包含尽可能多的触及多感官的行动
交际学习	项目工作需要小组中的合作，共同行动中的沟通与协作必不可少
产出导向	项目最终要产生一个产品，必须公开，让他人获知，要允许他人进行评价和批判
跨学科性	必须将与其他学习领域和学科的共性进行内化，产生迁移效果

注意：项目教学需要进行大量的规划，最终有一个成果（产品、方案、作品）产出。

示例案例：一家企业从十年前就拥有了一座位于北京市中心的仓库，从北京机场运送过来的货物在此进行存储、拣选后送往客户处。该企业主要经营医疗技术设备。过去几年，随着国际业务的增长，需要仓储的货物大幅增加，该企业面临着仓储货物数量巨大的问题。为了将该问题的影响尽可能降到最低，企业将货物送到外面的仓库进行存储。鉴于出现的各种问题，例如北京的交通状况、外部仓库管理困难，促使企业考虑如何解决这个问题。企业想保留其中心仓库，但另一方面想在邻近客户的区域建立地区仓库。

14. 沙盘演练教学法

沙盘演练教学法中，成员们通过模拟一个实践情境，设置有目的的问题，了解内在联系，得出自己的决策，并通过自身行动获得结果。沙盘演练应尽可能真实地反映实践并应对实践中的问题。在沙盘演练中应当给予学生各种可能性，使其有创造性地，独立自主地、自我组织地针对具体问题及其解决方法展开行动。

沙盘演练能让采取多角色和多角度成为可能，同时也能够使学生获得越来越多的行动体验与反思。如果沙盘演练是以真实情况出发进行设计，那么它就能够允许学生尝试动手、进行试验、大胆行动、得出决策，而且使学生们即使得出错误决策也不会觉得没有面子。

例如在选址问题中，一家企业想建立一个新的区域仓库，多个城市为企业提供了可选方案。这些方案都有优缺点，例如与道路交通网络的连接，向城市缴纳的不同费用等。学生可以在这个案例中担任不同角色并得出相应决策。

（1）应用范围。沙盘演练教学法要求参与者在解决问题方面具有很强的规划、战略和创新能力。此外沙盘演练对参与者的社会能力提出很高的要求，例如在演练中共同决策，对意见分歧进行讨论，展开对话和谈判，并且最终对结果展开评价分析，特别是可以对企业的经营决策进行演练和领会。

（2）流程步骤。

1）导入：对沙盘演练题目、演练材料和将要承担的角色进行介绍。必须弄清楚所有理解上的问题，之后开始划分工作组。教师对面临的问题进行描述并提供材料。

2）信息与阅读：学生们带着相应的角色专用名称在小组桌前就座。小组成员获得工作卡片以及不同的角色卡片，每个小组的工作卡都是相同的。通读信息资料，之后针对理解上的问题进行解答。

3）组内意见的形成和战略规划：学生们对信息进行整理归纳并对初始情境展开分析，对行动选项进行会谈和讨论。同时也开展有创造性的想法与战略设计。教师进行观察并就提问给予解答。

4）各组间的互动：学生们行动起来，例如与其他组展开会谈与谈判，或者针对其他组的询问作出反应。这里也可以由教师通过事件卡片有目的地推动和改变演练游戏。教师在该阶段只进行观察。

5）全班学习/大会的准备：各小组将内部结果进行汇总，并在该阶段对其获得的结果进行处理和评价。此阶段要对大会的进程安排进行规划，对所代表的立场进行商讨，明确所需的论据和策略，准备开场声明以及指定各组的发言人。教师为询问提供解答。

6）开展全班学习/大会：所有学生都要参加大会，各组的结果由每个小组的发言人在各组成员的支持下被展示出来。如果出现尚有存疑或未能达成一致的情况，则参考演练分析评价阶段。大会由老师负责掌控和引导。

7）演练分析评价：学生要对演练进程以及结果进行反思，接下来表达自己的意见，以此对演练进行内容上，同时也包括过程、形式上的总结和分析。教师在此过程中担任中立的主持人角色。

（3）准备工作。在教学中实施沙盘演练必须准备如下材料：一个体现了主要问题的研究案例；讲解演练过程的工作卡；赋予参与者专门角色的角色卡，例如企业领导、员工、客户、仓库主管等；在演练过程中可以由演练指挥递交给各小组用作启发提示卡片的事件卡，例如航班停飞导致的货物的存储期、条件的变化等；工作用品，如办公用品、电脑、参考书等。

（4）组织实施环节。

1）全体学习——导入。

2）小组工作，个人工作——信息获取与阅读。

3）小组工作——组织意见形成与战略规划。

4）小组工作——组间互动。

5）全班工作——全班学习/大会准备。

6）全班工作——实施全班学习/大会。

7）全班工作——演练分析评价。

沙盘演练的效果见表 C-3。

表 C-3　沙盘演练效果表

效果	具体内容
引发学习兴趣	沙盘演练能够让学生振奋起来，尤其是当演练成功让学生们对某些任务或小组团队获得认同感时
方法学习	沙盘演练本身就是一种能够教授知识的方法，学生们在此通过自我掌控的工作和学习过程对自主工作能力进行练习与巩固
社会能力	理解沟通的过程发生在每个学生之间以及每个学生与其他小组之间的交流过程中。除了知识与技能的教授，还引发了交际学习的过程
负责意识和意愿	沙盘演练在双重意义上对责任感进行了训练。学生们通过独立自主地工作学会自我负责，同时他们也对小组工作过程以及整个流程的目标训练有共同责任感

注意：沙盘推演（沙盘演练）的不可控、不确定因素比较多，可能会影响事态发展的进程。

示例案例：一家从事电子元件的贸易企业出现了仓储问题。一方面由于某些货品在仓库中的存货不足，一再地出现订单无法执行的问题。很多客户因该原因已经多次投诉，并威胁要到竞争对手那里去采购。而另一方面又出现元件早已老旧的情况，这可能会导致无法销售或极难销售的状况。仓库主管受委托对这种不良状况进行分析和纠正。

15. 小声交流法

小声交流的时间一般为 5～10 分钟。该方法的流程、目标/基本思想、注意事项如下。

（1）流程。教师向全体小组提出一个问题。学生们可以直接与邻座的同学或以小型小组的形式简短地就问题进行交流。规定时间过后再要求大家安静下来。

在时间控制方面可以通过投影仪显示一个沙漏，时间到了，沙漏就会发出响声。教师可在小声交流阶段之后询问几个小组工作结果。在全体工作阶段可明确询问对主题提出的问题还有哪些疑问，这些存疑会在全班范围内进行讨论。

（2）目标/基本思想。小声交流阶段的作用是让学生们相互之间在两人团队或小型小组中进行简短迅速的交流，从而获得对进一步的教学活动有益的帮助，这样也方便学生参与到课堂教学中来。该方法同时也为教师提供了解学生知识水平的机会。学生更愿意在人数较少的小组中将自己在理解上出现的问题表达出来，进而能够检验自己对内容的理解，小声交流法也可以活跃气氛，有助于调动学习小组的积极性。

（3）注意事项。问题设置要精确明了，否则小组会在一开始需要很长时间来搞清到底应该讨论的是什么问题。同时，交流阶段应当简短。当声音太大或当多名学生不再讨论课堂问题时，也可以提前终止小声交流环节。

16. 学习二重奏法

学习二重奏法在"自主学习"和"在专家组学习"中完成任务，具体如下。

阶段1：自主学习。在这个阶段中最重要的是每个人能以自己的速度处理任务，具体步骤如下。

（1）请处理任务A。

（2）借助您的手头资料处理任务。

（3）完成任务时请站起示意。

（4）如果还有一个人站起来，您就可以和他一起进入阶段2。

阶段2：在专家组学习，具体步骤如下。

（1）介绍您的结果并且相互补充，请小声讨论。

（2）对比您的结果和标准答案。

（3）将标准答案放回原处。

阶段 3：自主学习。在这个阶段中最重要的是每个人能以自己的速度处理任务，具体步骤如下。

（1）请处理任务 B。

（2）借助您的手头资料处理任务。

（3）完成任务时请站起示意。

（4）如果还有一个人站起来，您就可以和他一起进入阶段 4。

阶段 4：在专家组学习，具体步骤如下。

（1）介绍您的结果并且相互补充。请小声讨论。

（2）对比您的结果和标准答案。

（3）将标准答案放回原处。

阶段 5：自主学习。

请处理任务 C，全体学生一同解释疑问、总结、对学习过程进行反思。

二、教学评价方法

1. 四象限评价法

教室四角分别摆放白板，形成四个象限，并标注如下。象限 4：否定，象限 3：倾向于否定，象限 2：倾向于肯定，象限 1：非常肯定，具体如图 C-2 所示。

图 C-2　四象限评价法

2. 靶心法

靶心法对刚过去的项目或工作阶段进行反馈。学员将主观评价匿名体现在标靶上，教师必须考虑标靶应当划分为几个部分，以及征询哪些主题，标靶的中心意味着"完全符合"，外侧意味着"完全不符合"，具体方法如下。

准备 4 个圆点贴纸作为标靶，并在标靶的每个部分里面各放一个圆点到适合的位置。设置四个维度：学习内容、学习成效、学习积极性、小组学习氛围。设置三个层级：越接近圆心越好，越远离圆心越差。

教师根据学生的反馈，可以了解学生的感受和状态，以便及时调整教学内容和教学方法。具体如图 C-3 所示。

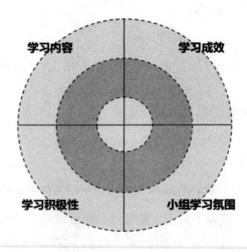

图 C-3　靶心法

3. 五指评价法

伸出一只手，每个手指代表不同的评价内容，以此来自查自省，具体如下。

（1）我感觉今天很好的内容。

（2）我感觉今天应该引起注意的事情。

（3）我感觉今天不好的事情。

（4）我感觉今天有价值的事情。

（5）我感觉今天想要了解更多的事情。

具体如图 C-4 所示。

图 C-4　五指评价法

附录 D　课程标准示例

"仓储配送中心布局与管理"课程标准

一、课程概述

1. 课程性质

"仓储配送中心布局与管理"课程是依据培养物流基层主管人才需求，按照仓储配送岗位任职条件，以仓储配送岗位职业素养和综合能力培养为目标建设的职业能力核心课程。该课程的前修课程为"现代物流概论""物流调查统计与分析""现代采购管理""物流设备认知""物流会计基础""现代仓储管理"等；后续课程为"现代物流区大赛式"课程。课程学时为144，学分为9。

2. 课程作用

"仓储配送中心布局与管理"课程作为现代物流管理专业的一门职业能力核心课程，旨在培养具备良好的职业素养，熟悉仓储配送入库、出库、在库运营等业务流程，掌握物流仓储配送业务操作、运营控制管理和布局优化管理技能，并能够熟练运用物流信息管理软件进行物流业务运营与管理的仓储配送业务主管。

3. 课程设计思路

（1）课程设计理念。课程设计紧紧围绕现代物流企业仓储配送岗位任职要求和业务流程，以培养物流管理基层主管所需职业素养和仓储配送核心业务操作和管理技能为核心，采用校企合作开发模式，通过项目导向任务驱动，以物流大赛、方案设计、能力展示、习题测试等为考核方式。课程设计还与人力资源和社会劳动保障部助理物流师内容相衔接，实现课证融通，使课程设计突出素养化、能力化、职业化特点。

（2）课程设计思路。本课程设计立足于首都物流业发展现状，与典型物流企业如北京德利得物流有限公司、北京顺鑫绿色物流有限公司、北京烟草物流中心等合作，通过专家座谈会分析岗位职责，提炼典型工作任务，形成"学赛一体化"课程。该课程包括5个模块，分别为仓储配送中心认知、仓储配送中心业务操作、仓储配送中心运营控制、仓储配送中心布局管理、实训软件模拟综合任务考核。每一个模块下又以企业类型或者业务流程为载体，设置了具体的学习任务。教学设计图如图 D-1 所示。

图 D-1　教学设计图

二、课程目标

1. 课程目标概述

本课程依据现代物流管理专业仓储配送岗位群的要求和未来发展的任职需要,培养学生良好的"爱心、诚信、责任、严谨、创新"职业素养,使学生掌握仓储配送业务流程、仓储配送运营控制和布局优化技能,熟悉仓储配送基本理论知识,拓展储配方案设计与执行和布局优化方案设计知识,为学生未来就业奠定扎实的基础。

本课程设计依据操作与管理两个层次,以企业实际业务为背景,按照从简到繁、由低及高和职业成长的规律安排工作任务(学习任务),同时以企业类型和业务流程为载体组织整个教学内容。

(1)知识目标。

1)熟悉物流仓储管理软件功能。

2)熟悉物流仓储配送业务流程。

3)掌握物流仓储配送运营控制方法。

4)熟悉企业仓库布局优化方法。

5)能准确描述物流设备名称和使用方法。

(2)能力目标.

1)能安全、高效地进行仓储配送业务流程操作。

2)会进行储配运营控制方案设计。

3)会进行储配方案设计。

4)会撰写布局分析报告。

5)会使用沟通技巧,妥善处理业务实施过程中的问题。

6)能正确掌握物流设备的规范操作。

（3）素养目标.

1）良好的"爱心、诚信、责任、严谨、创新"素质。

2）良好的心理状态、团队合作的精神、有效配合的能力。

3）良好的语言表达、沟通交流和洽谈能力。

2. 岗位要求

仓储配送岗位群职责及核心业务见表 D-1。

表 D-1　仓储配送岗位群职责及核心业务

岗位类型		职责及主要任务	核心业务
仓储配送	业务主管	管理公司的仓储业务；仓库管理的各项指标评价；对业务处理中出现的问题进行解决；布局优化问题解决	业务设计、问题解决和评价
	仓管员	入库货物检验；单据填制；库内货物保管；出/入库业务作业	日常业务处理
	统计员	票据的整理、统计；出/入库信息数据统计	数据统计分析
	配送员	配送单据填写；熟悉路况和客户分布；货物的安全管理；送货前的装车；配送过程中出现的差错处理	熟悉路况；车辆配载和处理相关问题

三、课程内容

课程项目、工作任务和教学目标见表 D-2。

表 D-2　课程项目、工作任务和教学目标

课程项目	工作任务	教学目标	课时
项目 1：仓储与配送中心认知	1. 调研设计实施	1. 了解仓储配送中心现状与发展前景、进行自身职业生涯规划； 2. 熟悉仓储配送基本知识，掌握仓储配送基础理论； 3. 熟悉仓储配送岗位职责，了解相关行为规范	8
	2. 调研报告展示		

续表

课程项目	工作任务	教学目标	课时
项目2：仓储与配送中心业务操作	1. 订单处理 2. 入库作业 3. 在库作业 4. 出库作业 5. 退货处理	1. 具备辨识仓储配送作业环节的能力； 2. 具备绘制仓储配送流程图的能力； 3. 具备填制仓储配送相关单据的能力； 4. 具备仓储配送作业的能力； 5. 具备操作仓储配送软件的能力	44
项目3：仓储与配送中心运营控制	1. 库存预测 2. 库存控制 3. 库存优化	1. 能分析库存现状； 2. 能优化库存； 3. 会库存预测	28
项目4：仓储与配送中心布局识读	1. 企业布局解读 2. 布局分析及优化 3. 电脑绘制布局图	1. 会典型企业布局分析； 2. 掌握布局优化方案设计； 3. 会撰写布局优化报告	4
项目5：仓储配送业务综合实训	1. 储配方案设计 2. 储配方案执行	1. 掌握地牛、叉车的操作； 2. 掌握入库方案设计； 3. 掌握出库方案设计； 4. 储配方案的设计与实施	60
教学资源	1. 李作聚. 高职物流职业技能大赛解析与实操[M]. 北京：中国水利水电出版社，2019. 2. 仓储配送中心布局与管理专业教学资源库课程网站		

四、教学方法

"仓储配送中心布局与管理"课程引入典型任务，教学设计按照"学赛一体化"原则，采取任务驱动式教学，教学任务按照以下流程进行。

第一步，认真阅读工作任务书；

第二步，自我学习、自我探究、自我设计；

第三步，按规定的时间，认真完成工作任务；

第四步，配合任课教师完成工作任务评价；

第五步，认真填写工作总结。

教学过程贯彻"教、学、做、赛"四位一体的教学方针，教师转换角色，将自己定位为"教练"，积极启发诱导学生的创造性。学生为学习主体，定位为"运动员"，通过自主研究性学习培养职业素养和综合职业能力。

五、教学环境

（1）校内实训环境：财贸大楼物流区"仓储厅"。

（2）校外实训环境：北京德利得物流有限公司、北京顺鑫绿色物流有限公司、北京烟草物流中心等。

六、考核标准

配合人力资源与社会保障部并与物流职业技能大赛对接。课程考核包括相关知识考核和方案设计与实施考核两部分，比例各为 50%。相关知识为闭卷考核，方案设计与实施采取技能大赛、能力展示、知识竞赛等考核形式。

制定课程各环节考核量化标准，按量化指标对过程和结果实施考核，工作过程考核为 50%，结果考核为 50%。考核方案见表 D-3，过程考核评价见表 D-4，结果考核依据学习任务的评价标准评价。

表 D-3　考核方案

考核方式	过程考核 50%			结果考核 50%
	教师评价	小组自评	小组互评	
	30%	40%	30%	
考核实施	由指导教师根据学生表现集中考核	由小组成员根据评价表对本小组的学习过程及工作成果汇报情况进行打分	由指导教师组织各个小组对其他小组的工作成果汇报情况进行打分	技能大赛、能力展示、知识竞赛

表 D-4 过程考核评价表

姓名		组长		组别			时间		
60 分		分值	自评	40 分			分值	自评	互评
资讯	资料搜集	4		工作小结	整体协作	4			
	信息分析	4			设计合理	3			
计划决策	任务分工	3			设备使用	4			
	计划合理	4			成果明显	4			
	决策方案	4			创新体现	3			
	团队合作	4			现场管理	2			
实施	工作态度	3		成果展示交流	内容完整	2			
	工作精神	3			表达清晰	3			
	实施文件	3			技术使用	3			
	实施质量	4			规划分工	2			
	工作方法	4			展示效果	2			
	实施效果	4			回答问题	2			
检查评价	方案设计	4			思维积极	3			
	方案实施	4			心得体会	3			
	创新精神	4		加分	原因				
	团队协作	4			分值				
合计	自评（0.4）			互评（0.3）			教师评分（0.3）		
总计									
组长签字				指导教师签字					

在整个课程考核的过程中，还设计了学生对教师教学质量的评价指标，教师评价表见表 D-5。

表 D-5　教师评价表

教师：_____ 　　项目名称_____

学期_____ 　　班　级_____ 　　日期_____

1 对此项目教师的讲解能力

优		良		中		及格		及格以下	

2 对此项目教师的准备能力

优		良		中		及格		及格以下	

3 对此项目教师的组织能力

优		良		中		及格		及格以下	

4 对此项目教师的整体表现

优		良		中		及格		及格以下	

5 对此项目内容的难易程度

太难		难		中		容易		太容易	

6 对此项目你感兴趣的程度

很高		高		中		低		很低	

7 你在班里的平均成绩处于

优		良		中		及格		及格以下	

8 你对此项目的其他建议

1. 此表目的是促进教师改进教学内容、教学方法，提高教学质量。为了自己的利益，请认真、如实、公平地填写；2. 选项后打√；3. 北京财贸职业学院信息物流系制表

七、教学团队

　　课程教学团队由专业教师与企业兼职教师共同组成，专业教师具有扎实的物流理论基础，同时具有高级物流师职业资格证书，专业教师共 4 名；企业兼职教师会教学、懂行业，在企业内均为主管职务，企业兼职教师共 4 名。专业教师负

责完成课程教学活动设计及校内教学环节，企业兼职教师参与课程开发和实践指导。师资构成表见表 D-6。

表 D-6　师资构成表

教师姓名	专业技术职务	单位	专业领域	承担任务
李作聚	副教授	北京财贸职业学院	物流管理	主讲、课程设计、实践指导
叶　靖	副教授	北京财贸职业学院	物流管理	主讲、课程设计、实践指导
刘　华	副教授	北京财贸职业学院	物流管理	主讲、课程设计、实践指导
胡丽霞	副教授	北京财贸职业学院	物流管理	主讲、课程设计、实践指导
王素兰	经理、企业主管	北京中鸿网络信息技术有限公司	物流管理	主讲、课程设计、实践指导
张　健	经理、企业主管	北京顺鑫绿色物流有限公司	物流管理	主讲、课程设计、实践指导
尤洪涛	经理、企业主管	北京烟草物流中心	物流管理	主讲、课程设计、实践指导
恽　绵	经理、企业主管	北京德利得物流有限公司	物流管理	主讲、课程设计、实践指导

八、实施建议

教学要求采用项目导向、案例分析、任务驱动、模拟教学、任务训练、角色扮演等教学法，教学内容与安排遵循学生认知规律，采取工学交替的学习形式，通过课程教学、基本技能训练、小组比赛，不断提高学生的专业能力和综合素质。在教学过程中，通过数字化资源、教学资源的开发与利用，提高课程教学效果。